비 오는 날의 칸타타

현대수필가100인선 II · 66

비 오는 날의 칸타타

한복용 수필선

수필과비평사 · 좋은수필사

■ 책머리에

 수필은 누구나 부담 없이 읽고, 마음만 먹으면 직접 쓸 수도 있는 가장 친근한 문학이다. 다른 영역의 문학이 영상매체에 밀려 신음하고 있는 중에도 수필 인구만은 날로 증가하여 바야흐로 수필 전성시대를 구가하고 있는 이유도 거기에 있을 것이다.
 시대적 추세에 힘입어 수많은 수필전문지, 수필동인지가 창간되고, 이에 비례하여 신진 수필가도 날로 늘어나다 보니 이제는 그 많은 작가, 그 많은 작품 중에서 문학성 높은 작품을 가려 읽는 일이 쉽지 않게 되었다. 이런 현상은 작가에게나 독자에게나 결코 바람직한 일이 아니다. 더 나아가서는 수필을 연구하는 후세들에게도 큰 부담이 될 것이다.
 이런 문제를 해결하는 데는 출판인도 마땅히 한몫을 감당해야 한다는 평소의 소신에 따라, 본사가 기꺼이 그 역할을 맡기로 했다. 그 첫 번째 사업으로 시대를 대표할 만한 수필가 100인을 선정하고, 작가가 자선한 40편 내외의 작품을 수록한 문고본을 발간하여 이를 널리 보급함으로써 그 소임을 다하고자 한다.
 본사는 사명감을 가지고 이 사업을 추진해 나가기로 했다. 작가 선정을 전담할 편집위원회를 구성하고 전권을 위임하여 일체의 사적인 정실이나 청탁을 배제함으로써 전문성과 공정성을 확보해 나갈 것이다.
 따라서 이 기획물 속에는 작가의 문학정신뿐만 아니라, 본사의 문학사적 기여 의지와 편집위원 제위의 수필문학에 대한 애정과 문인으로서의 양심이 함께 담겨 있음을 자부한다. 다만, 작가를 선정하는 기준에는 많은 견해의 차이가 있을 수 있고, 선정 과정에서도 미처 챙기지 못한 부분이 있을 것이라는 사실만은 인정하지 않을 수 없다. 이 점에 대해서는 관계자 여러분의 양해 있으시기 바란다.

이 시리즈의 발간 순서는 작가, 또는 본사의 사정에 의한 것일 뿐 그 밖의 어떤 기준도 적용하지 않았음을 밝힌다.

본 기획물이 시대를 초월한 많은 수필 애호가들의 관심과 애정 속에 우리나라 수필문학 발전에 한 이정표가 되기를 바랄 뿐이다.

본사에서는 이상과 같은 취지로 『현대수필가 100인선』 전 100권을 완간하여 큰 반향을 불러일으킨 바 있다.

그러나 우리 수필문단의 규모나 수필문학의 수준에 비추어 선정 작가를 100인으로 한정하는 것은 형평성이나 효율성 면에서 크게 부족하다는 의견이 많았고, 본사 또한 이를 통감하던 터라 기꺼이 『현대수필가 100인선 II』를 발간하기로 했다.

본사의 충정에 찬동하여 출판에 응해주신 저자 여러분에게 감사한다.

2014년 9월

수필과비평·좋은수필 발행인 서정환
현대수필가 100인선 간행 편집위원 박재식 최병호
　　　　　　　　　　　　　　　　　정진권 강호형
　　　　　　　　　　　　　　　　　오세윤

| 차례 | 현대수필가100인선 Ⅱ · 66

1_부 우리는 모두 흘러가고 있다

껍질 • 12
버려진 식탁 • 16
클림트의 '키스' 앞에서 • 20
그의 '부끄러움'과 만나다 • 28
서점가는 날 • 35
자코메티의 시선과 상처 • 40
천리향처럼 사는 법 • 45
패밀리주스 병 • 49
우리는 모두 흘러가고 있다 • 57
구샤미 선생과 고양이 • 60

2_부 고독, 내가 살아있다는 증거

- 소주 반병과 • 72
- 오래된 신발 • 78
- 떨림의 눈빛 • 82
- 죽여주는 여자 • 90
- 경주慶州 • 95
- 어떤 풍경 • 100
- 지중해의 여름 • 105
- 화분 • 110
- 각설탕 • 114
- 비 오는 날의 칸타타 • 116

3_부 사랑, 인간의 특권

아버지의 왼손 • 122
엄마의 금비녀 • 126
첫눈 • 130
개망초꽃 • 135
언니의 방 • 140
봉숭아 꽃물 • 144
산수유 꽃 필 때면 • 147
그대에게 바치다 • 151
술을 마시고 싶다 • 155
행복한 유전 • 160

4_부 나는 자유인이다

반 평의 자유 • 166
청춘아, 아프지 말자 • 172
미련한 완주 • 176
비 내리는 거리를 걷다 • 182
철학을 공부하는 한 가지 방법 • 187
꽃을 자르다 • 194
멋진 놈, 굿바이 • 198
김미선처럼 사는 법 • 203
덕德은 가르쳐지지 않는다 • 208
오르한 파묵의 순수박물관을 찾아서 • 213

■ 작가연보 • 222

1부

껍질
버려진 식탁
클림트의 '키스' 앞에서
그의 '부끄러움'과 만나다
서점가는 날
자코메티의 시선과 상처
천리향처럼 사는 법
패밀리주스 병
우리는 모두 흘러가고 있다
구샤미 선생과 고양이

껍질

 노란빛을 사윈 모과는 점점이 누릿해지다가 갈색으로 변해 결국 하나의 검은 덩어리가 되었다. 한 시절 단단히 나무에 매달려 세상을 호령했던 호기는 어디로 사라지고 처음부터 나무의 본 껍질이었던 양 시간의 저만치를 추억하고 있다.
 모과는 생김새도 고왔고 몸도 컸으며 향도 짙었다. 그 색이 변하는 짧은 시간이 못내 아쉬웠다. 상처 하나 없이 몸통이 고와 오래 가려나 했는데, 여느 모과와 다를 바 없이 껍질을 웅크린 채 어느 날 갑자기 시들어버렸다. 범접하지 못할 검은 색의 딱딱함으로 또 다른 자신의 존재를 드러냈다. 매끈한 모과를 쓰다듬던 그날은 나도 그도 찬란했다. 찬란한 시간은 우리의 뜻대로 오래가지 않았다.
 어느 늦은 저녁, 지하철에서 내린 나는 집이 아닌 단골 커피

집으로 향했다. 바람 불고 날이 찬데 그대로 집으로 가기에는 왠지 심심했다. 흐리게 남아있던 술기운도 합세했다. 진한 에스프레소 한 잔 하면서 찻집 주인과 수다라도 떨까 했는데 모과를 보면서 나의 시간은 언제인지 모르게 멈춰버렸다.

커피를 주문하고 돌아서는데 마룻바닥에 모과들이 커다란 가방 가득 담겨있었다. 나도 모르게 감탄하며 강아지처럼 쪼그리고 앉아 냄새를 탐했다. 주인은 몇 개든 맘껏 가져가라고 했다. 방금 딴 것인데 올해는 모과가 참 잘 됐다며 차를 만들어 먹으라고 레시피까지 읽어주었다. 그의 말이 탐탁찮게 들렸다. 차茶라니. 모과를 토막 내 적당한 두께로 썰어 설탕에 재고 그것을 숙성시켜 차로 마시라는데 나는 영 그 과정이 싫게 들렸다. 모과는 아무래도 설긴 바구니에 담아 향을 즐기는 쪽이 어울렸다. 손에 잡히는 대로 다섯 개를 집어 들었다. 주인이 누런 종이가방에 내가 건넨 모과를 담아주었다. 에스프레소를 한 모금에 털어 넣고 수다를 미련 없이 다음으로 미룬 채 모과 향을 맡으며 집을 향했다.

걸어오는 내내 자꾸만 모과빛 웃음이 쏟아졌다. 모과도 나를 따라 묵직하게 웃어주었다. 모과를 들고 오는 길이 행복했다. 책상 모퉁이 바구니에 담긴 모과도 행복했다. 좁은 방안을 채우는 짙은 향기는 더욱 행복했다.

그랬던 모과는 하루이틀사흘……. 색이 변하고 형체가 무너지면서 아무것도 아닌 것이 되어버렸다. 겨울을 모두 채우기

껍질 13

도 전에 쓸모를 다한 모과가 덩그러니 바구니에 담겨 있을 뿐이었다. 모과의 생을 말하기에는 나의 아쉬움이 컸다. 그런데도 이것을 언제쯤 버려야 하나 벌써부터 궁리 중이었다.

검은 덩어리로 변해버린 모과를 보면서 나는 반소매 아래 내 살갗을 습관처럼 손바닥으로 쓸어내렸다. 이도 언젠가는 쓸모없이 무너질 것이었다. 나는 팔꿈치와 발뒤꿈치와 하이힐에 구부러진 엄지발가락도 차례로 쓰다듬었다. 무뎌지고 꺼칠한 것이 보드라움과는 거리를 둔 채 멋쩍었다.

욕실로 가 따뜻한 물에 몸을 담갔다. 나의 껍질들이 일제히 참았던 숨을 내쉬었다. 탄력을 잃어버린 채로 어느 곳은 색이 변했고 또 어느 곳은 멍이 든 채였다. 언제, 어디서 부딪혔는지도 모를 피멍, 아팠던 기억도 없는 흔적들이 늘어진 살갗에 무늬를 남겨두었다. 거울에 비친 몸은 더욱 형편이 없었다. 몇 차례의 수술로 흉터가 나 있는 앞모습과 살아온 만큼 늘어진 뒷모습이 어느 한곳 만족스럽지 못하게 버티는 중이었다. 세월이 준, 잃어버린 탄력 앞에 까마득한 어느 날의 나를 더듬어 보지만 한 번도 좋았던 적이 없었던 것처럼 기억은 차단되어 더 이상 확장되지 않았다.

살뜰히 챙겨본 적 없는 나의 껍질, 물기를 닦고 로션을 전체에 바르면서 처음으로 신경 쓰며 다독였다. 그것들은 힘을 잃어 이리저리 밀려났지만 이내 제자리로 돌아왔다. 체념한 척 웃어넘기기에는 아직도 나에겐 여자이고 싶은 욕망이 남아 있었던가. 나머지 로션을 덜어 손이 닿는 곳까지 펴 발랐다. 거울을 보니 보이는 곳보다 보이지 않는 곳이 더 형편없었다. 성형의 힘을 빌린다면 모를까 회복이 불가능한 주름은 세월 앞에서 어쩔 수 없는 나의 껍데기였다.

나는 왜 모과를 보며 나의 살갗을 생각한 걸까. 여직 그런 생각은 처음이었다. 둔기로 머리를 얻어맞은 것처럼 쩡, 하는 소리와 함께 자각이 된 것이었다. 모과처럼 나도 아무도 모르게 색이 변하고 애당초 흙이었던 것처럼 적당히 무너져 흙으로 돌아갈 일이었다. 결국엔 벌레의 먹이가 되고 나무의 거름이 되어서 무언가의 단단한 힘줄이 돼 주겠지.

그런데 조금 억울한 생각이 드는 것이다. 그리고 어떤 죄스러움에 못내 몸을 떨었다. 성장을 멈춘 듯 애도 어른도 아닌 어정쩡한 모습을 한 어떤 여자아이가 나를 보며 웅크린 채로 거울 속에 앉아 있었다.

방으로 돌아와 검게 변한 모과를 사각봉투에 담았다. 화단 한 켠에 묻어줄 참이었지만 그때가 언제가 될지 가늠할 수 없었다. 거름으로 돌아가길 바라면서도, 그 모습 그대로 다시 새롭게 피어날 봄을 기다리고 있는 건지도 모를 일이었다.

버려진 식탁

 골목 귀퉁이에 식탁 하나가 뒤집힌 채로 버려져 있다. 네 개의 다리가 하늘 향해 항거 중이다. 식탁과 함께했을 의자들은 이리 저리 제멋대로 널브러져 있다. 아직 멀쩡해 보이는 식탁. 어쩌다 하루아침에 수거딱지를 붙인 채 차가운 거리에 나앉았나.

 내게도 한때 저런 식탁이 있었다. 누군가의 아내가 되어, 밥 때가 되면 나물을 무치고 생선을 굽고 찌개를 끓여 식탁 위에 올려놓았다. 그 누구도 대신할 수 없었던 자리. 주방은 나에게 행복한 공간이었다. 나만의 공간에서 책을 읽고, 때로는 음악을 들었다.

 어느 날부터인가 식탁에서 웃음이 사라졌다. 나는 그 식탁을 남겨두고 현관문을 나섰다. 가방에는 며칠 묵을 수 있는 옷가지들뿐이었다. 다시는 그 자리로 돌아가고 싶지 않았다. 아쉽다거나 슬프지 않았다. 외려 홀가분했다. 비린 생선을 굽지 않아도 되었고 시간을 정해 밥상을 차리지 않아도 좋았다. 그의 비위를 맞추며 우아한 미소를 띠지 않아도 됐으며, 무엇보다도 나를 가장하지 않아도 되니 그만이었다. 현관을 나서자 또 다른 내가 나를 기다리고 있었다.

가장 자신 있던 일이 떠나고 나니 너무나도 하기 싫은 일이 되었다. 당장 밥시간이 지나도 불안하지 않았다. 끼니 걱정 없이 밖을 돌아다녔다. 나의 밥상은 단출해졌고 시간은 온전히 나를 위해 쓰였다. 그곳을 벗어나면서 나의 숨소리가 달라졌다.

그 식탁을 장만할 때 나는 좀 신중했다. 원형이나 정사각형보다는 직사각형에, 세련된 하이그로시보다는 클래식한 원목에 끌렸다. 생동감 넘치는 나무의 결이 무엇보다 맘에 들었다. 어머니는 나무식탁이 쉬 상할 수 있다며, 오래 쓸 것이니 식탁보를 씌우거나 유리를 얹으라고 했다. 나는 나무 그대로의 문양이 좋았다. 어쩌다 식탁에 상처가 난다 해도 그것은 내 삶의 무늬가 될 것이었다. 가구점 사장은 고급 가죽을 두른 의자를 권했다. 나는 식탁과 같은 나무의자에 방석을 올려 쓰기로 했다. 나무 본연의 질감을 느끼고 싶었다. 때론 방석을 치우고 딱딱한 의자에 앉아 나무에 걸터앉은 기분으로 시간을 보내고도 싶었다. 식탁은 아담한 주방에 비해 다소 큰 듯했으나, 한편에 꽃병을 놓고 장미무늬 찻잔을 은쟁반에 얹어 놓아두니 제자리인 듯 알맞았다.

　식탁에 둘러앉아 식사하는 나의 가족을 상상해보았다. 아들 하나에 딸 둘이라면 좋겠다. 끼니마다 시끌벅적한 식탁은 우리가 건강하다는 것을 증명한다. 어떤 음식을 내놓아도 행복해하는 나의 가족들. 내가 태어난 이유는 온전히 이 날들을 위해서이다. 가끔 야식을 만들고 주말에는 도시락을 싸서 교외로 나간다. 음식은 정성이 반이라는 말은 진리 중에 진리, 내 가족을 위해 기꺼이 발품 팔 준비가 돼 있었다.

　언젠가부터 그는 외출에 나를 동반하지 않았다. 나도 그와 함께하지 않았다. 우리는 같은 공간에서 각자 방식대로 살았다. 기다랗고 넓은 식탁은 어느 한쪽에 앉아 식사하는 우리 중 누군가의 나머지가 되었다. 꽃이 사라진 빈 꽃병은 며칠째 움직인 적 없는 찻잔 옆에 멋쩍게 서 있었다. 반짝이던 은쟁반에는 흉터처럼 먼지가 눌러 붙었다. 소리도 냄새도 사라진 주방, 음울한 침묵만이 가득했다. 내 꿈이 소박한 것이라고 믿었던 것은 착각이었을까. 평범함도 낯설어졌다. 누구나 가질 수 있는 것이 아니었다. '평범'이란 말이 어떤 말이었나 싶게 그 후 생활은 내 생각과 어긋나기 시작했다.

　버려진 식탁 위에 빗방울이 떨어진다. 나는 고개를 떨군 채 한참을 그 자리에 서 있다. 두고 온 식탁이 생각난다. 단란한 가정을 그렸던 나는 그 그림을 완성하지 못하고 식탁을 떠났다. 마음에서 멀어진 사람을 위해 더 이상 밥을 짓지 않기로 한 것이었다. 끝내 온기가 사라진 공간, 그도 나도 서로에게 한 뼘의 정도 내주지 않았다.

  발길을 돌린다. 이 비 그치고 나면 저 식탁이 누군가에 의해 쓸모를 되찾았으면 싶다. 아니, 설령 부서져 땔감이 되더라도 자신의 역할이 무엇이었는지를 잊지 않았으면 한다. 내가 여직 온전한 가정을 품어보지 못한, 내 아이들을 꿈꾸며 그리워하고 있는 것처럼, 버려진 식탁도 한때나마 행복했던 시절을 기억했으면 좋겠다.

클림트의 '키스' 앞에서

　예술의전당 한가람갤러리 제7전시실. 나는 전시실 중앙에 걸려 있는 구스타프 클림트의 그림 〈키스〉 앞에 서 있다. 한 여인이 절벽을 뒤로 하고 곱슬머리 남자와 포옹을 하고 있다. 아니, 키스 중이다. 다시 말하면 황금빛 가운을 입은 남자가 맨발로 무릎을 꿇은 여인을 끌어안고 그녀의 입술에 키스를 하려 한다. 남자의 목을 부드럽게 감싼 여자의 가늘고 긴 손가락의 꺾임을 보며 나는 그녀의 행복지표를 짐작한다. 자신의 모든 것을 내맡긴 듯 그냥 그대로 하나가 되어버리고 싶은 듯한 간절함이다. 화려한 황금빛 물결 사이로 드러난 그녀의 가녀린 발목과 발가락은 묘한 긴장감을 준다. 위험한 열정을 암시라도 하듯 두 사람의 무릎이 맞닿은 곳에는 보랏빛 꽃이 한창이다. 남자는 너무도 사랑스러운 여인의 얼굴을 양손으로 감싸 안는다. 눈을 지그시 감고 입맞춤을 받고 있는 여인의 모습에서 나는 불현듯 한 여자의 얼굴이 떠올랐다.

큐레이터 신정아. 전 청와대 정책실장 변양균과의 스캔들로 언론의 도마에 올랐던 그녀다. 그가 남자에게 보냈다던 연서戀書에 마침 클림트의 〈키스〉에 대한 이야기가 적혀 있었다.

> 당신은 전설 속에 나오는 이스라엘의 여걸 유디트 손에 죽은 홀로페르네스처럼 나에게 성적으로 유혹당해 죽음에 가까운 정사를 한 번 했으면 하셨지만······.
>
> 저는 빈 시내 남쪽에 있는 바로크 궁전 벨베데레에 소장된 클림트 그림 키스처럼 두 남녀가 꼭 껴안고 성적 교감의 여명을 틔우며 시작하는 정사를 당신과 꿈꾸고 있어요.
>
> 에로티시즘이 순간적인 육체의 환락이 아니라 영원으로 진입하는 일종의 관문처럼 순간적인 정사의 덧없음을 초월해 욕망의 숭고한 충족에 이르도록 노력한 클림트처럼 숭고한 에로티시즘의 미학을 당신과 나누고 싶어요. 곱슬머리의 남자가 꼭 껴안은 여자의 더없이 행복한 표정, 오르가즘 직전의 환희가 표현된 얼굴의 그 그림을 보면 저도 언젠가 그런 정사를 하리라 했죠. 그 남자가 내게 당신으로 다가왔다는 걸 저는 본능적으로 느낄 수 있었죠.

이 편지는 가짜라고 한다. 하지만 인터넷 사이트에는 '에로틱한 신정아 연서'라는 제목의 기사가 일파만파로 번졌다. 그 사건으로 클림트의 〈키스〉는 더욱 유명세를 탔으며 패션과 인테리어 전반에도 막대한 영향을 미쳤다. 그 사건으로 〈키스〉에 궁금증이 인 나는 그에 관한 자료를 찾으며 더욱 작품에 빠져들었다.

유디트와 홀로페르네스는 이스라엘 신화에 존재하는 인물들이다. 위기에 처한 이스라엘을 구하기 위해 미망인 유디트는 홀로페르네스에게 접근해 그를 유혹한다. 팜므파탈이 된 것이다. 유혹에 넘어간 그는 결국 목숨을 잃는 파멸에 이르고 만다. 〈키스〉는 예고된 그 파멸을 벼랑으로 표현했다.

클림트의 작품 〈키스〉는 템페라(아교 또는 달걀의 노른자 따위로 녹인 안료로 불투명한 그림물감)와 금박, 은박을 함께 사용하여 화면을 화려하게 수놓은 것이 특징이다. 추상의 경계를 허물었고 관능적이며 몽환적으로 표현되었다고 평론가들은 언급한다. 클림트의 그림은 분리파 시기(1897~1904년)*에 이르러 장식적인 양상이 두드러지기 시작했는데 그 시기의 작품엔 황금색이 많아지고 파격적인 장면들이 자주 등장했다고 한다. 거기에 에로틱한 분위기가 한몫을 했을 것이라는 평도 나돌았다. 그

---

* 분리파(1897~1904년): 19세기 말 독일 및 오스트리아에서 일어난 회화, 건축, 공예운동으로서 프랑스의 인상주의와 아르누보의 영향을 받고 일어난 영국의 공예운동, 독일의 유겐트슈틸(독일에서 19세기 말부터 20세기 초에 걸쳐 유행하였던 미술 양식) 등과 더불어 근대 건축과 공예의 생성에 중요한 역할을 하였다.

러나 무엇보다도 클림트의 그림이 유명해진 것은 일종의 티핑 포인트(아이디어나 사회적 행동이 바이러스에 전염되듯 확 퍼지는 순간)에 도달한 결과라고 말하는 이들도 있었다. 그림에 대해서 문외한인 나이지만 〈키스〉 한 작품만으로도 이들의 설명을 다소 이해할 수 있을 것 같았다.

신정아 사건에 대한 포문이 열린 것은 '학력위조사건'과 관련하여 그녀가 광주비엔날레 예술감독에 선임된 것으로부터였다. 광주비엔날레는 세계적으로 인정받는 예술가들의 축제이다. 비엔날레의 감독이 되려면 그만한 경륜과 실력을 인정받아야 한다. 그러나 그녀는 그때 겨우 30대 중반의 젊은이였다. 그 파격적인 인사에 변양균이 연루되었을 것이라는 거다.

우리 사회는 지나칠 정도로 남의 잘못에 관대하지 못하다. 돌팔매질에서 서슴없는 매도에 이르기까지. 모든 것을 훼손시키고 나서야 마침내 사건은 잠잠해진다. 언론은 사람들의 호기심을 잔뜩 유발시키고 집요하게 한 인간을 난도질한 뒤, 언제 그랬냐는 듯이 외면해버린다. 엄밀히 말하면 사생활이고 그들 스스로가 책임져야 할 부분이었다. 누구도 돌을 던질 일이 아닌 것이다.

나는 최근, 인터넷 검색을 하다가 우연히 변양균의 인터뷰 기사를 보았다. 흐르는 시간은 많은 것들을 유연하게 하는가보다. 기사 속의 그는 다소 편안해진 듯한 모습이었다. 인터뷰어의 짓궂은 질문에도 여유가 있었다. 가끔은 가벼운 농담도

섞었다. 그는 '신정아 사건'을 겪고 난후의 심정을 묻자 '반성은 하지만 후회는 않는다'고 대답했다. 중의적 표현일 수도 있겠으나 그 대답이 나에겐 '그녀를 사랑한 것을 후회하지 않는다'로 읽혔다. 그가 신정아에게 마지막으로 보냈다는 편지 내용이 기사 끝부분에 공개되었다.

> 사랑하는 정아, 울지 말아요. 눈물을 닦아요. 씩씩하게 조사받도록 해요. 세상에 드러나지 않았다면 좋았겠지만 이렇게 된 것 너무 의기소침하지 말아요. 솔직하게 다 털어놓을 각오만 되어 있다면 검찰조사가 두렵지 않을 거요.
> 어제 신문에 '당찬 걸음걸이로 씩씩하게 검찰청 계단을 올라갔다'고 나와 있었는데 평소의 정아답게 그렇게 조사받아요. 나도 이제 억울하다는 생각 다 버렸어요. 담담한 마음으로 조사받고 있어요.
> 50대 후반으로 접어든 한 사나이의 젊은 여자에 대한 사랑은 이렇게 종말을 맞았구나, 하는 생각으로 명성과 명예에 대한 집착 다 버렸어요. 누가 무어라 해도 정아에 대한 내 사랑은 진실이었소.

1년 6개월 간 교도소 생활을 한 신정아는 출소 후 《4001》이라는 책을 출간했다. 그간 세상에 알려지지 않은 이야기들, 즉 동국대 교수 채용 과정과 정치권 배후설에 대한 이야기, 예일대 박사 학위 수여의 전말, 연인 관계였던 변양균과의 만남, 그리고 문화일보 보도의 전말 등 사람들이 궁금해 하는 일들을 고백했다. 그 책을 읽으며 감춰두어도 좋을 것을 끝내 드러낸 것에 대한 안타까움을 숨길 수가 없었다.

쇼펜하우어는 '사랑은 없다'고 했다. 《쇼펜하우어의 인생론 에세이》를 보면 그는 사랑에 목숨을 건 사람들의 위대성을 찬미하지만 사랑의 최종 목적은 오직 '인류의 종족 유지'라는 사명감을 완수하는 데 있다고 한다. 사랑하는 사람들이 정신적 사랑에 만족하지 않고 육체관계를 목표로 하고 있다는 것, 그리고 공간적으로 멀리 떨어져 있으면 서로 사랑을 확신하고 있다고 해도 전혀 위로가 되지 않는다는 것을 보면 알 수 있다는 것이다. 그렇다면 사랑은 없고 섹스만 있다는 것일까. 아니면 사랑이라는 감정조차도 한낱 종족 유지를 위한 수단에 불과하다는 것일까.

인터뷰 기사를 읽고 나서 나는 새삼스럽게도 그들의 사랑이 궁금해졌다. 그는 정말 그녀를 사랑한 것일까. 그녀는 그를 사랑했을까. 당신과 나누고 싶다던 그녀의 '에로티시즘의 미학'은 과연 사랑이었을까? 어쩌면 그들이 말한 사랑은 자신들의 행위를 정당화시키기 위한 변명에 불과한 것일지도 모른다는 생각을 부인할 수 없었다.

그러나 인터뷰에서 변양균이 했던 말, '젊은 여자에 대한 사랑, 그로 인해 종말을 맞았지만 누가 뭐라 해도 정아에 대한 내 사랑은 진심이었소'라는 그 '진심'을 나는 믿어보고 싶었다. 어쩌면 그들은 그 순간만큼은 진정한 사랑을 했을지도 모르기 때문이다. 벼랑 끝으로 떨어지는 한이 있더라도 한 순간 자신을 불태울 수 있다면, 정말 그런 심정이었다면 가능한 일이었지 싶다.

　나는 언제나 사랑 앞에서 주춤거렸다. 마치 해서는 안 되는 일을 하는 듯 쭈뼛거렸다. 사랑이 찾아와도 애써 그걸 부인했다. 사랑을 확신하지 못했고 사랑의 영원성을 의심했으며 가슴 아릴 종말을 두려워했기 때문이다. 그러고 보면 나는 겁쟁이다. 내 마음을 온전히 드러내지도 못하면서 나에 대한 상대방의 마음만 짐작하려 했고 그 사랑이 얼마만큼 갈 수 있을까 계산하려 했다. 이제는 익숙해졌다고 믿었던 이별의 아픔마저도 사실은 견디지 못하고 있었던 셈이다.

　전시장에서 〈키스〉를 보고, 한때 세간에 파문을 일으켰던 두 남녀의 사랑 이야기를 돌이켜보면서 어쩌면 그들의 사랑에는 믿음이 전제돼 있었을지도 모르겠다는 생각이 들었다. 그들처럼 나도 사랑을 한 번 믿어보고 싶어졌다. 우연이라도 사랑이 다시 찾아온다면 이번만은 지레 겁먹지 말고 보이는 대로, 만져지는 대로, 느껴지는 대로 나를 맡겨보면 어떨까. 그 끝이 나락이 되었든, 그 감정이 종족보존의 수단이 되었든, 순간에 충실해보고 싶어진 것이다. 그것이 새로 시작하는 나의 사랑에 최선을 다하는 일이 될 것이므로.

클림트의 작품 〈죽음과 삶〉을 마지막으로 전시장을 빠져나왔다. 반포대교를 건너며 황금빛 석양과 마주쳤다. 눈이 부셨다. 아무 생각도 나지 않았다. 핸들을 잡은 손끝이 잠시 떨렸을 뿐. 차가 멈춰선 동안 망연히 핏빛 노을과 마주하였다. 마치 절벽 위의 두 연인처럼 석양은 위태롭게 하늘 끝에 걸려 있었다. 그들이 꿈꾸었던 죽음과도 같은 정사. 죽음마저도 불사한 불온한 키스…….

마지막 정염情炎을 불태우며 지는 해가, 알 수 없는 내 마음에 소용돌이를 긋고 지나갔다.

그의 '부끄러움'과 만나다

그해 4월의 바람은 의외로 따뜻했다. 새벽바람을 가르고 인천공항으로 가는 내내 나는 여느 여행 때와 다르게 상기되었다. 일본행 비행기 안에서도 드디어 그를 만날 수 있다는 한 가지 생각에 사로잡혀 있었다.

후쿠오카항에서 바라다 보이는 바다를 '눈이 시리도록 푸르다'고 표현한 이가 있다. 나에게도 그곳은 온통 푸르러서 가슴이 먹먹해지고도 넘칠 지경이었다. 언젠가부터 나는 슬픔의 색으로 푸른색을 떠올리곤 했다. 얼핏 보면 힘차 보이지만 볼수록 가슴이 아리고 목울대가 뻐근해오는 색이 푸른색이었다. 시인 윤동주를 기리는 〈윤동주, 달을 쏘다〉라는 뮤지컬의 옥중 장면에서 조명이 만들어낸 푸른 안개를 만나고부터였을 것이다.

죽는 날까지 하늘을 우러러/
한 점 부끄러움이 없기를
　　　　　－〈서시〉중에서

  후쿠오카형무소가 자리했다던 건물 앞 작은 공원, 철책 울타리 앞에서 꽃다발을 가슴에 안고 선 원로 수필가의 손이 파르르 떨렸다. 문학기행을 온 회원들은 일제히 고개를 숙였다. 묵념은 그 어느 때보다 길었다. 이곳 어디쯤에 그의 발길이 스쳤기라도 한 양 나는 숨소리조차 함부로 낼 수 없었다. 식순에 맞춰 시 낭독이 이어졌다. 함께한 시인이 낭독한 〈별 헤는 밤〉은 듣는 이들의 가슴을 촉촉하게 적셨다. 나는 맨 뒤에 서 있었다. 너무나도 초라한 제祭. 자리를 그곳으로 잡았을 뿐 어떤 것도 그의 흔적을 말해주지 않았다. '잎새에 이는 바람'이 나의 귀밑을 잠시 스치고 지나갔다. 그곳에 그의 영혼이 아직 머물러 있기라도 한 것처럼 울타리 너머 건물을 바라보았다. 그가 밤마다 고향을 그리워하며 별을 헤던 작은 창문이 있었던 곳이리라. 춥고 컴컴한 감옥에서 그가 할 수 있었던 것은 고향을 향한 자유로운 마음의 날갯짓이 아니었을까. 그의 그리움이 향했을 하늘을 잠시 올려다보았다. '구름이 흐르고 하늘이 펼치고 파아란 바람이 불고(〈자화상〉)' 있었다. 어둠 속에서도 밝음을 지향했던, 푸른 젊음의 그를 만나는 순간이었다.

  낭독자가 다음 시를 읽는 사이 나의 시선은 등 뒤의 한 건물에 멈췄다. 그가 창문 너머로 수없이 건너다 봤을지도 모를 그곳에는 한 송이 꽃도 피어 있지 않았을 공허한 빈 벽만이 서 있었다. 나는 그의 꺼져가는 숨소리를 놓치지 않겠다는 듯 울타리 쪽으로 귀를 기울였다. 흔들리며 점점이 멀어지는 낭송인의 목소리를 타고 그가 내쉬는 마지막 숨소리가 가뭇없이 사라져가고 있었다.

> 내일 밤이 남은 까닭이요/
> 아직 나의 청춘이 다하지 않은 까닭입니다
> —〈별 헤는 밤〉 중에서

일제에 대한 저항으로 그는 총 대신 붓을 택한 걸까. 태평양전쟁 중이던 1942년 3월, 윤동주는 문학을 더 깊이 있게 공부하고자 일본으로 건너갔다. 그곳에서 고종사촌 송몽규를 비롯한 여러 친구들과 조선의 앞날에 대해 고민했다. 그러던 중 '재교토 조선인 학생 민족주의 그룹사건'으로 경찰에 붙잡혔고 '치안유지법 위반'으로 송몽규와 함께 각각 2년의 형을 선고받은 후 후쿠오카형무소로 이감되어 옥살이를 했다. 나는 《윤동주 평전》(푸른역사, 2012년)을 읽으며 그들의 형무소 생활을 짐작해보았다. 거기에 언젠가 뮤지컬에서 보았던 고문 장면이 겹쳐지면서 머릿속이 헝클어진 필름처럼 뒤엉켜버렸다.

잦은 혼수상태에서 어머니와 친구를 그리워하던 그는 차가운 감옥에서 스물아홉 살의 짧은 생을 마감했다. 송몽규 또한 한 달 뒤에 윤동주와 같은 사인으로 옥사했다. 의문으로 남았던 그들의 죽음은 끔찍한 생체실험이 원인이었다는 설이 지배적이다. 생체실험 내용에 대해 구체적 추리를 시도한 사람은 일본 중앙대학을 마친 후 한국의 동국대 대학원에서 한국문학을 전공한 고노 에이지[鴻農映二]다. 그는 수감자들에게 혈장 대용 생리식염수를 지속적으로 주사했을 가능성이 크다고 추정하여 큰 반향을 일으킨 바 있다. 윤동주의 시신을 인수하러 갔던 윤영춘 교수 또한 그곳의 죄수들을 목격한 것과 송몽규로부터 직접 들은 바를 전하면서 최초로 생체실험론을 제기한 바 있다.

우리는 동주가 타향의 하숙방 툇마루에서 즐겨 불렀다던 〈내 고향으로 날 보내주〉를 함께 노래했다. 편안히 숨 쉴 수 있는 또 다른 고향으로 보내달라고 했던 그의 소원은 혼백으로서만 가능했던 것일까. 그의 흔적을 짐작으로만 더듬으면서 우리가 부른 노래는 그곳, 이국의 허공을 맴돌았다.

> 한 사나이가 있습니다/ 어쩐지 그 사나이가 미워져 돌아갑니다//
> 돌아가다 생각하니 그 사나이가 그리워집니다
> ―〈자화상〉 중에서

잔인하고 참혹했던 시절, 나라를 잃은 나약한 청년은 친구들처럼 몸으로 부딪치며 싸우지 못하고 시 속에서만 울분을, 그것도 감추어서 표현해야 했던 자신이 마뜩찮았다. 그래서 늘 부끄럽다고 말한 것일까. 20대 중반의 그는 유약한 문학청년이었다. 밤마다 달빛으로 시를 쓰며 자신의 문학세계를 일궈냈지만 절필과 쓰기를 수없이 반복해야 했다. 그는 혼돈의 시대와 전쟁 속에서 무척 괴로워했던 것이다. 우리말은 물론 우리글과 이름까지 일본에 빼앗긴 그가 할 수 있는 일은 무엇이었을까.

'우물 속에는 달이 밝고 구름이 흐르고 하늘이 펼치고/ 파아란 바람이 불고 가을이 있고/ 추억처럼 사나이가 있다〈자화상〉'고 말한 청년 윤동주의 개결한 성품이 드러나는 이 시가 나는 좋았다. 이미지니 상징이니 하는 시적 장치를 떠나 그 시절 그만의 정서로 자신을 들여다보는 모습에 아프도록 끌렸던 때문이다.

> 육첩방은 남의 나라/ 창밖에 밤비가 속살거리는데//
> 등불처럼 어둠을 조금 내몰고/ 시대처럼 올 아침을 기다리는 최후의 나
> 　　　　　　　　　－〈쉽게 씌어진 시〉중에서

뜻 모를 외마디 소리를 지르고 1945년 2월 16일에 숨을 거둔

윤동주. 옥사한 동주의 시신을 찾으러 간 그의 친척은 '죽은 동주는 후에 찾기로 하고 산 사람부터 찾아야 겠다'며 송몽규의 면회 신청부터 했다. 그때 깨진 안경을 쓴 몽규의 얼굴은 핏기 하나 없었고 몸은 뼈만 남아 처음엔 알아볼 수조차 없었다. 그의 반쯤 깨진 안경알은 그가 당한 온갖 수모와 굴욕, 고통과 비인간적인 학대를 증명하는 것이었다. 동주를 아는 이들은 그의 죽음을 쉽게 받아들일 수 없었다. 축구와 스키 등 운동과 산책을 즐기며 건강했던 그가 수감된 지 일 년도 안 되어 허망하게 절명한 이유를 도무지 알 수 없다는 것이었다.

그 무렵 그의 고향집에 두 통의 전보가 배달되었다. '2월 16일 동주사망. 시체 가져가라'가 먼저 온 것이었고 '동주 위독하니 보석할 수 있음. 사망 시는 시체를 가져가거나 아니면 구주제대에 해부용으로 제공할 것임. 속답을 바란다'는 내용의 전보는 나중에 온 것이었다. 전보를 받은 그의 아버지는 현해탄을 건너가 한 줌의 재로 변한 동주의 주검을 안고 돌아왔다.

어려서부터 노여움이나 억울함, 안타까움 등은 마음속에만 담아두고 미소로 일관했던 그의 성품은 자신의 시詩 정신과도 일맥상통한다. 그에게 있어 시를 쓰는 행위는 괴로워하는 자신과 희망을 부추기는 또 다른 자신과의 만남이었는지도 모른다. 그는 떠났지만 그의 시와 시심詩心은 우리 곁에 영원히 남아 있다. 시대적 현실을 부끄럽게 생각하고 스스로를 끊임없이 응시하며 스스로에게 묻기를 멈추지 않았던 윤동주. 맑은 영혼의 가엾은 죽음을 생각하노라면 몇 편 안 되는 그의 시 안에서 서성이기만 하는 나 자신이 한없이 부끄러워지는 것이다.

시인이 영면한 지 50주년이 되던 해 교토의 도시샤대학에 그의 시비가 세워졌다. 문학평론가 김우종 교수가 후쿠오카에서 처음 추모제를 지낸 1995년 이후, 해마다 2월이 되면 그곳에서 '윤동주를 그리워하며 그의 시를 낭송하는 모임'을 갖는다. 그날은 윤동주를 사랑하는 일본인들이 그에게 꽃을 바친다.

우리도 가져간 꽃다발을 바쳤다. 꽃을 두고 돌아서는 발걸음이 납덩이처럼 무거웠다. 나는 '죽는 날까지 하늘을 우러러 한 점 부끄럼이 없기를' 바랐던 그의 말을 한동안 되뇌었다. 그의 부끄러움과 만나 한없이 작아지는 내 자신을 추스르기가 좀처럼 쉽지 않았다.

서점가는 날

연일 폭염이 계속되니 화원도 한가하다. 모처럼 시간이 주어져 한동안 찾지 못했던 서점으로 향한다. 좋아하는 사람을 만나러 가는 것처럼 마음이 설렌다. 오늘은 또 어떤 작가가 나를 기다리고 있을까.

서점은 집에서 가까운 백화점 지하에 있다. 책을 살 때 나는 인터넷서점을 이용하기보다 규모가 좀 작더라도 서점을 이용한다. 책 제목과 저자 소개, 차례 등을 훑어보고 한 장 한 장 책장을 넘기면서 종이의 냄새며 촉감을 느껴보는 것을 즐긴다. 몇 시간을 서거나 앉아 책을 탐색해도 지루하지가 않다. 내 키보다 높은 책장에 꽂힌 책들을 머리 위부터 무릎 아래까지 훑어보다가 읽어야 할 책이 발견되면 갑자기 호흡이 빨라진다. 아주 가끔 충동구매를 하게 되는 경우도 있지만 대개는 그날 목적에 맞는 책을 신중하게 고르는 편이다.

내가 사는 책들은 장르가 다양하다. 신문이나 인터넷의 신간 정보를 보고 필요한 책 제목을 메모해두기도 하지만 여러 코너를 들르다 보면 읽고 싶은 책이 튀어나오게 마련이다. 나를 놀래키는 그 의외의 충격이 또한 나를 설레게 한다.

한여름 휴가철이라 그런지 서점 안은 무척 한가롭다. 직원들이 분주하게 책을 정리하고 있다. '베스트셀러 코너'로 가 최근 맨부커 인터내셔널상을 수상한 한강의 신간 《흰》을 집어 든다. 호기심의 작동이다. 시적 문체로 그 문장이 독특하다는 얘기를 들었다. 《채식주의자》 이후 그의 작품 경향이 어떻게 달라졌는지 궁금하기도 했던 차였다. 또한 신작 《흰》은 작가가 무엇을 이야기하고 싶어 쓴 작품일지 살펴보고 싶었다.

습관처럼 제목과 표지 디자인을 먼저 보고 차례와 작가의 말을 읽어 내려간다. 그는 '흰' 하면 떠오르는 하얀 것들에 대해 나열하고 있었다. 가령, 이런 것들이다.

> 강보, 배내옷, 소금, 눈, 얼음, 달, 쌀, 파도, 백목련, 흰 새, 하얗게 웃다, 백지, 흰 개, 백발, 수의 등……

한 단어씩 적어갈 때마다 그의 마음이 흔들렸다고 했는데, 그 단어들을 읽으면서 내 마음도 따라 흔들리고 있음을 느낀다. '흰색'이 주는 무한한 신비감 때문이었으리라. 하지만 나는 그대로 책을 덮었다. 한강의 초기 소설을 찾아 읽어본 후에 다시 찾을 참이다.

베스트셀러 코너에서 몸을 돌리자, 신영복의 《감옥으로부터의 사색》과 무라카미 하루키의 자전적 에세이 《직업으로서의 소설가》가 눈에 들어온다. 하루키의 작품은 내게는 좀 식상하다. 몇 년 전에도 산처럼 쌓인 책더미 속에서 그의 책을 한 권 샀지만 여직 책장조차 넘겨보지 않고 있다. 이번에도 별 아쉬움 없이 그냥 지나친다. 그러다가 윤동주 시인의 얼굴과 마주쳤다. 윤동주의 시집 서너 가지를 눈여겨 살펴보았다. 몇 해 전 그에 관한 글을 쓰고자 평전 등을 읽고 여러 자료를 모았던 기억이 난다. 〈그의 '부끄러움'과 만나다〉라는 제목의 수필을 쓰는 내내 진지했고, 그(동주)로부터 되도록 멀어지지 않으려 애썼던 일이 떠오른다. 《하늘과 바람과 별과 시》의 표지에 놓인 그의 사진을 들여다본다. 그의 모습은 어느 책에서나 진지하다. 〈서시〉와 〈육첩방은 남의 나라〉는 내 늑골 어느 부분을 지그시 눌러 아프게 한다.

다음은 '해외여행 코너'이다. 이 코너야말로 맘껏 상상의 나래를 펼칠 수 있는 공간이다. 가보지 않은 곳에 대한 동경과 환상. 상상과 기대로 책장을 펼치는 것만으로도 대리만족을 하게 한다. 세계전도를 펼쳐놓고 '땅 따먹기'를 하듯 다음에 여행의 기회가 주어진다면 어느 곳을 가야 할지 낙점을 찍어두는 것도 나를 살짝 설레게 한다.

몸을 조금 돌리자 대각선 방향 진열대에 이윤기 선생의 책이 여러 권 놓여 있다. 뜻밖에 스승을 만난 듯 반갑다. 이윤기 선생은 나의 20대를 가장 풍요롭게 해주었던 소설가이며 번역가이다. 신화연구가이기도한 그는 우리 시대를 대표하는 지성인으로 나를 책에 집중하게 했던 유일한 사람이기도 하다. 《뮈토스》를 비롯하여 《그리스인 조르바》, 《그리스 로마신화》, 《변신 이야기》, 《신화의 힘》 등을 번역하였다. 그가 쓴 소설책, 산문집과 번역서에 이르기까지, 신간이 나오기를 기다렸다가 서점으로 달려가 사서 읽었던 기억이 아직도 생생하다.

언젠가 한 번쯤은 꼭 만나고 싶었던 작가. 하지만 나는 그를 만날 수 있는 방법을 몰랐다. 2010년 8월 어느 날, 신문을 통해 그의 부고를 보고 한참을 멍하니 앉아있었다. 타인의 죽음에 눈물을 흘린 것은 그때가 처음이었던 것 같다. 생전에 만나지 못한 아쉬움이 너무나도 컸다. 내가 조금 더 빨리 문학을 접했더라면 멀리서나마 선생을 뵐 수 있었을지도 모른다. 어느 행사장에서 손을 맞잡고 인사를 나누는 것까지는 아니더라도 목례 정도는 할 수 있지 않았을까. 그가 번역한 소설 《장미의 이름》 앞에 선다. 책은 이미 나의 집 책장에도 꽂혀 있다. 책을 꺼내 쓰다듬다가 이미 알고 있는 작가 프로필을 다시 읽어본다. 곧 그의 기일이다. 손을 뻗어 유고집 《위대한 침묵》을 집어 든다. 마치 유품을 전해 받는 양 손끝이 조심스러워진다. 책을 가슴에 안아본다. 그분의 체온이 느껴지는 듯했다.

마침내 나는 나쓰메 소세키의 《나는 고양이로소이다》를 비롯한 일곱 권의 책을 계산대로 가져간다. 나는 사온 책을 금세 읽지 않는다. 그리고 한 권을 통독하는 것이 아니라 여러 권을 번갈아 읽는다. 주방과 거실, 화장실과 침상, 책상 등에 책을 놓아둔다. 그곳에는 언제나 읽다만 책과 읽어야 할 책이 열댓 권쯤 놓여 있다. 당장 읽지 않더라도 손이나 눈길이 닿는 곳에서 책과 눈인사를 나누며 천천히 사귄 뒤 손 안으로 모셔온다. 손에서 내려놓을 수 없는 책은 책상으로 가져가 오랫동안 탐닉한다. 행복한 동거다. 오늘 구입한 책들 또한 나의 생활반경 안에, 내 손과 눈길이 머무는 곳에 한동안 놓여 있을 것이다. 이 책들을 바라보며 나는 몇 날 며칠 배부른 부자가 될 것이다.

  루쉰과 장자, 베케트와 카뮈가 내가 들고 가는 종이백 안에서 숨을 쉬고 있다. 얼마 전 출간된 이순원 선생의 장편소설 《삿포로의 여인》도 이윤기 선생과 함께 발걸음을 재촉한다. 어떤 책부터 읽을까? 서점으로부터의 출발이 한껏 지루했던 나의 여름을 흔들어 깨운다. 바람구두를 신은 것처럼 내 온몸에 바람이 실린다.

자코메티의 시선과 상처

 하마터면 훌륭한 전시회 하나를 놓칠 뻔했다. 알베르토 자코메티(1901~1966) 한국특별전(2017. 12.21~2018. 4.15)이 그것이다. 지난해 프랑스 '알베르토 자코메티 재단'은 한국에서의 전시회 개최를 망설였다고 한다. 포항에 강도 높은 지진이 발생했고 때마침 북한과의 관계까지 민감할 때여서 긴장감이 고조되었다. 하지만 코바나컨텐츠의 노력으로 전시회를 무사히 열수 있었다. 자코메티 재단은 코바나컨텐츠가 '마크 로스코전'과 '르 코르 뷔지에전'을 성공적으로 기획한 것으로 신뢰를 얻은 것이다.
 20세기 가장 위대한 조각예술가로 우리는 서슴없이 알베르토 자코메티를 꼽는다. '예술가들의 예술가'로 알려진 자코메티는 파블로 피카소(1881~1973)와 같은 시기의 조각가이다. 또

한 피카소가 질투한 예술가이기도 하다. 사무엘 베케트의 〈고도를 기다리며〉의 무대장치는 자코메티가 만든 작품으로, 지극히 단순한 설치물이었다. 그 단순함에서 다양한 각도의 해석이 나왔다. 최대한 덜어낸 후에 본질만 보여주는 작가의 조각과 같은 맥락이라는 것이었다. 그 무대를 배경으로 꾸민 콘셉트 전시장에서 찍은 두 거장의 사진은 남다른 우정을 확인시켜주었다.

작품에 흠뻑 빠져 전시회장을 걷는다. 마치 그와 함께 걷고 있다는 느낌을 받을 즈음 〈침묵과 묵상, 기도의 방〉 앞에 이르게 된다. 암막 커튼을 들추자 '욕망과 허영을 비워내는 시간'과 마주친다. 자코메티 재단이 한국 전시를 위해 아시아 최초로 공개한 '걸어가는 사람' 원본이다. 우리들의 응축된 삶이 거기서 있다. 저절로 숙연해진다. 마치 허울투성이의 인생을 걷어내고 걷어내어 남은 것들만을 모아놓은 듯한 형상이다. 팔과 다리를 길게 늘어뜨린 채 걷고 있는 작품은 거칠고 앙상한 인체를 묘사한 것으로 자칫 부서질 듯 위태롭다. 한 인간의 고단하면서도 위대한 삶을 상징한 작품이다.

묵직한 음향과 함께 무대 밖으로 성큼성큼 걸어 나올 것 같은 '그 사람'을 시간 가는 줄 모르고 바라본다. "큰 공간에 나의 단 하나의 조각만이 있다. 하지만 그 조각은 그 큰 공간을 존재로 가득 채운다."라고 한 자코메티의 음성이 들리는 것도 같다. 나는 자코메티의 손길이 그대로 묻어 있는 'Walking Man' 오리지널 석고 조각상 앞에서 한참동안 정물이 되어 있었다. 어떤 이끌림 같았다.

로타르(1905~1969)* 좌상(1965)은 아시아 최초로 공개되는 조각품 중 하나이다. 작가는 "모든 인간이 가지고 있는 근원적 슬픔을 로타르라는 인물의 슬픈 시선에서 발견"했다고 한다. 실패한 사진작가의 고뇌가 잘 드러난 작품은 지금도 명작으로 꼽힌다. 그는 작품의 형상에 자신의 삶 전부를 쏟아부었다고 한다. 마지막에 이른 삶의 비통함과 아쉬움을 담고 있으며 영원히 살고 싶은 자신의 욕망까지도 담아냈다. 자코메티는 인간의 위대함을 로타르의 자포자기식 타락에서 보았다. 그의 최고작으로 〈로타르 좌상〉, 〈앉아 있는 남자의 흉상〉, 〈걸어가는 사람〉을 꼽는 것은 말할 것도 없다.

사람에게 생명의 핵심은 '시선'이라고 한 자코메티는 모델의 시선에 집중했다. 눈빛에 사람의 생명이 담겨 있다고 보았다. 그래서 그는 두상에 몰입했는지도 모른다. "죽은 자조차 황홀하게 할 조각상을 보았다."는 장 주네Jean Genet(1910~1986)의 말이 아니어도 그의 작품은 '만지면 생명이 느껴'질 정도라는 평이 분분하다. 장 주네는 자코메티의 작품을 방안에 들여놓

---

* 엘리 로타르는 1964년과 1966년 사이에 모델을 섰던 자코메티의 마지막 작품 주인공이다. 사진작가였던 로타르는 1930년대 유명 잡지의 사진가로 명성이 높았다. 하지만 성정이 불안정했던 그는 전쟁 후 오랜 파탄의 길을 걸었고 빚 때문에 몇 달 간 투옥되기도 했다. 그의 뛰어난 재능에 주변에서 도움을 주었으나 모두 헛수고였다. 그는 카메라를 전당포에 맡기고 술과 여자를 샀다.

으면 그곳이 그대로 사원寺院이 돼버릴 것 같다고 했다.

 특히 두 어깨와 그 사이의 가슴은 만지면 곧 으스러질 것같이 골격이 정교하다. 팔과 맞닿은 어깨 곡선의 정교함은… (이렇게 말해 미안하지만) 억지스러울 정도이다. 나는 어깨를 만지면서 눈을 감는다. 그 순간, 손가락에 느껴지는 행복감은 차마 어떻게 묘사할 수가 없다.※

 뼈대에 살을 붙여가면서 형태를 만들고 이미지를 완성하는 일반적인 조각법과는 달리 자코메티는 완성된 형태로 시작하여 차차 걷어내는 방식을 선택하였다. 그의 작품은 "거의 뼈대만 남아 있어 자칫 미완의 작품"으로 비치기도 한다. 덜어내고 덜어내어 바스러진 작품도 있었다. 자코메티의 작업방식은 세상과 사물에 대한 그만의 관점에서 비롯된 것으로 비춰진다. 덜어내고 비워 내는 방식은 그 작품의 본질을 찾기 위한, 본연의 형태를 갖추기 위한, 작가 나름의 모색법이라 할 수 있겠다.

 "자코메티의 예술은 모든 존재와 사물의 비밀스런 상처를 찾아내어, 그 상처가 그들을 비추어주게끔 하려는 것 같다."고 한 장 주네의 말을 떠올려본다. 상처란 저마다 달라서 감추어져 있기도 하고 드러나 보이기도 한다. 자기 안에 간직한 상처는 어느 순간 고독의 근원이 되기도 한다. 때론 그 상처가 다른 상처를 감싸 줄 때도 있다. 상처의 본질에 따라 어루만지는

※ 장주네, 윤정임 옮김, 《자코메티의 아틀리에》, 열화당, p11.

방법은 다르며 거듭된 상처는 단단한 딱지를 만들어 스스로를 보호한다.

전시장을 나서려는데 한 장의 사진이 눈앞에 다가선다. 앙리 카르티에 브레송(1908~2994)의 작품이다. 자코메티가 작업장으로 가는 도중 비를 만나자 쏟아지는 빗줄기에 아랑곳하지 않고 외투를 머리까지 뒤집어쓴 채 묵묵히 자신의 화실을 향해 걸어가는 모습이다. "마침내 나는 일어섰다. 그리고 한 발을 내디뎌 걷는다. 어디로 가야 하는지, 그리고 그 끝이 어딘지 알 수는 없지만, 그러나 나는 걷는다. 그렇다. 나는 걸어야만 한다." 그의 목소리가 사진 속 내리는 빗줄기와 함께 들려온다. 극한에 놓인 인간의 고독한 실존, 본질적인 고독을 응시하는 듯한 깊은 통찰력, 엄청난 고통을 극복하려는 그의 굳은 의지가 엿보인다. 그의 조각품 〈걸어가는 사람〉처럼 사진 속 자코메티는 끊임없이 홀로 걸어가야 하는 것이 인생이라는, 고독한 인간의 실체를 그대로 보여주고 있었다.

비좁은 화실의 먼지뭉치마저 하나의 존재로 보아 아내 아네트로 하여금 털어내지 못하게 한 자코메티. 도록圖錄과 함께 장만한 장 주네의 《자코메티의 아틀리에》는 얇은 책임에도 불구하고, 자코메티의 일상과 예술세계를 잘 보여주고 있다. 자코메티는 "성인聖人이며 철학가인 동시에 20세기 최고의 예술가."라는 말에 나는 이의를 제기할 수가 없다.

천리향처럼 사는 법

 어디서부터 오는 향기인가. 코끝으로 스미는 은은한 향기에 주변을 돌아본다. 동백나무 사이에 있는 하얀색 화분에 심어진 천리향이다. 벌써 꽃 필 때가 되었나? 물을 주면서도 꽃문이 열린 것을 보지 못했는데, 무심했나 보다. 청소를 하거나 새로운 물건을 진열하면서도 천리향은 내 눈 멀리에 있었다. 그저 그 자리에 오랫동안 놓여 있던 화초였다. 천리향은 꽃잎 한두 개 벌림으로써 자신의 존재를 알리고 화원을 향기로 채우는 중이다.

 내 향기가 누군가에게 가 닿았으면 하는 바람을 가진 적이 있었다. 내가 쓴 글로 인한 발향發香을 말함이었는데, 향이 퍼지기는커녕 꽃눈조차 돋을 기미가 보이지 않았다. 연륜부족에서 오는 얕은 사고와 덜된 공부가 문향文香을 어지럽혔는지도 모른다. 하지만 내가 쓴 수필이 향기를 뿜으며 누군가의 가슴에 앉아 줄 날을 여전히 기다린다.

사람에게는 저마다의 향기가 있다. 내가 아는 몇몇 사람만 보아도 그 사람만의 향기를 분명히 느낀다. 그중 천리향 같은 사람이 있다. 요란하게 다가오지 않으며 자신을 과시하지도 않는다. 어느 날 향기가 나는 쪽을 보면 꼭 그가 있었다. 묵묵히 자신의 일을 성실히 해내는 사람, 누군가의 도움을 받으려 하기보다는 자신이 먼저 마음을 내주는 사람이었다. 나는 그 사람을 보면서 나를 다듬곤 하였다.

그의 사무실에 작은 화분 서너 개를 배달시킨 적이 있다. 3년 전 처음 방문했을 때 화분 몇 개만 있어도 사무실 분위기가 달라질 거라는 생각을 하고나서였다. 컴퓨터 세 대와 프린터기, 테이블과 정수기, 그 외 나머지 공간은 책으로 가득했다. 그는 선물로 받은 화분을 정성껏 가꿨다. '전화위복轉禍爲福'이란 꽃말을 가진 남천을 좋아한다기에 제법 근사한 화분을 보내기도 했다. 그는 꽃 진 자리에 열매가 붉어지면 남천의 근황을 전해주었다.

언젠가 꽃시장에 갔을 때, 천리향 화분 하나 눈에 들어 그에게 보내주었다. 그는 남천만큼이나 천리향을 좋아했다. 정성껏 가꾸어 해마다 좋은 꽃을 보여주겠다며 각오를 전했다.

명색이 꽃집 주인인 나도 그처럼 식물에 공을 들이지 않는 편이다. 관리보다는 판매가 목적이기 때문일 것이다. 떡잎이 생기면 제거해 주고 가지가 웃자라면 모양을 봐가며 잘라준다. 잎이 시들하면 뒤늦은 물을 주고 되도록 손이 덜 가게 봄부터 가을까지는 마당 진열대에 내다 놓는다. 바람을 맞고 비를 받으며 햇살의 따스함도 저절로 느낄 수 있도록. 그렇지만 실상 나의 나태함을 빙자한 관리법이었다. 자연은 자연 그대로일 때 더욱 빛난다. 다듬는 것은 사람이고, 사람이 하는 행위일 뿐, 그 외 다른 것들은 저절로 자라고 그리 살아간다. 천리향이 알아서 꽃피고 향기가 나에게로 온 것처럼.

손님들이 식물을 어떻게 관리해야 좋을지를 물으면 난감하다. 내가 기르는 식으로 설명하면 그들은 나를 무시할 게 뻔하다. 원예공부를 했다는 사람의 입에서 나올 말이 아니기 때문이다. 이론에 충실한 설명은 식물이 놓인 장소나 지역에 따라 달라지게 마련이니 이도 마땅치 않다. 적당히 섞어 설명해야 하는데 말주변이 없어 그도 쉽지 않다.

천리향을 잘 키워보겠다던 그는 그 이후로는 꽃을 볼 수 없다고 한다. 해마다 한 겨울이면 천리향 사진을 찍어 그의 휴대폰으로 보내곤 한다. 그는 감탄이 섞인 답문을 보내온다. 자신의 천리향은 그때 그 모양으로 꼼짝을 하지 않는다며 비결을 묻는다.

나의 것도 같은 해에 구입했다. 화분이 비좁은 듯하여 꽃이 진 후 큰 화분에 옮겨 심었다. 모양을 내느라 두세 가지 소품을 함께 심은 그의 화분에 비해 멋은 덜하지만 내 것은 넉넉한 화분에 담겨 있다. 홀가분해 보인다. 넓은 곳에 혼자 자라 튼실한 것인지 기세가 등등하다. 잡초가 자라면 뽑아주고 흙이 모자라면 한 삽쯤 채워준다. 어쩌다 거름을 얹어 주기도 하고 영양제를 꽂아준다.

식물도 손이 자주 가면 오히려 탈이 날 때가 있다. 알맞은 자리에 놓아주고 스스로 자랄 수 있도록 최소한의 관심만 보여준다. 식물도 사람도 별반 다르지 않다고 생각한다. 가만히 있어도 자신의 향기를 내뿜는 천리향처럼 내 자리에서 묵묵히 최선을 다하며 살아가는 일이야말로 천리향처럼 사는 법이 아닐까.

어떤 스님의 꿈에 그윽한 향기로 다가온 천리향. 그 향기에 끌리는 바가 매우 커서 '상서로운 향기'라는 뜻의 서향瑞香이라고 이름 붙여진 꽃. 다음 장날에 몇 분盆을 더 들여 놓아야겠다. 무엇을 해도 신나지 않는 요즘, 어떤 이에게는 천리향 한 그루가 희망이 될 수도 있을 테니까.

패밀리주스 병

　창고 정리를 하다가 한쪽 귀퉁이에서 국간장이 담긴 병 하나를 발견했다. 표면이 오톨도톨한 패밀리주스 병이었다. 플라스틱 병이 흔한 요즘, 오랜만에 보는 유리병이 생소했다. 뚜껑 주변에는 간장국물이 소금기를 머금은 채 거품처럼 말라 있었다. 간장병을 보자 엄마의 모습이 떠올랐다. 그때처럼 엄마가 졸면서 곰국을 끓이고 있는 것만 같은 착각이 들었다. 간장을 다른 병에 옮겨 담은 후 병을 씻었다. 씻고 또 씻었지만 간장 냄새는 좀처럼 가시지 않았다.
　나는 20대 초반에 결핵으로 6년여를 허송세월했다. 의사는 가족력이 없으니, 어딘가에서 감염됐을 것이라 했다. 그즈음 결벽증이 함께 왔다. 손을 수도 없이 씻었고 버스나 지하철을 타면 비틀거릴지언정 손잡이를 잡지 않았다. 사람이 많은 곳을 가지 않았으며 공기가 탁하면 도망치듯 그곳을 빠져나왔다. 편식은 더욱 심해졌다. 웬만한 음식은 아예 먹을 생각조차 하지 않았다.

　몹쓸 병은 당최 나을 기미가 없었다. 공들여 치료를 하여, 한 곳이 좋아지면 결핵균은 다른 곳에 새롭게 침투했다. 그곳이 또 좋아지면 다시 되돌아가 원래 자리의 주변을 맴돌다 기어이 가슴팍에 동전만한 구멍을 만들고 말았다. 그 일이 연속되니 하루에 한 주먹씩 먹는 약이 마치 사약 같았다. 약 냄새만 맡아도 토하는 날이 많았다. 치료 외의 다른 일은 생각조차 할 수 없었다. 취직은커녕 친구를 만나는 일도 꺼렸다. 나는 점점 말라갔다. 정신까지도 말라가는 듯했다. 푹 꺼진 눈두덩은 파르르 떨릴 때가 많았고 안면근육도 가끔 경련을 일으켰다. 웬만한 옷은 맞지 않았다.

　엄마는 동생과 함께 자취하고 있는 경기도 양주의 좁은 빌라에 한 달에 한 번씩 소꼬리나 족을 들고 찾아오셨다. 집안엔 곰국 냄새가 가실 날이 없었다. 동생은 냄새에 질렸고 나는 그 맛에 질렸다. 냉장고 안에는 곰국 병이 반찬통 수보다 많았다. 패밀리주스 병에 담겨 허옇게 응고된 곰국은 문을 열 때마다 가뜩이나 비위가 약한 나의 입맛을 잃게 했다.

　엄마가 오시는 날이 되었다. 태안에서 첫차를 타기 전 엄마는 곧 출발한다고 전화를 하셨다. 전화를 끊은 나는 다급해졌다. 곰국! 한 달 전 엄마가 채워 놓고 간 곰국 병이 줄지 않은 채 그대로였던 것이다. 나는 동생이 외출하기를 기다렸다가 혼자 남게 되자 망설였던 거사를 치르기로 했다.

곰국이 담긴 병을 냉장고 안에서 모조리 꺼냈다. 가스레인지에 큼지막한 냄비를 올리고 물을 부은 다음 불을 켰다. 병뚜껑을 열어 끓는 물에 병을 담그고 국물이 묽어지면 꺼내서 하수구에 버렸다. 나는 마스크를 쓴 채 망설임 없이 이 일을 해치웠다. 일을 마치고 나니 팔이 다 아팠다. 곧 병을 씻어 끓는 물에 소독했다. 잠시 죄스러움에 마음이 아팠다. 하지만 먹을 것을 버린 것에 대한 죄스러움은 아니었다.

외출에서 돌아온 동생은 식탁 위에 가득히 씻어놓은 빈 병을 보고는 눈물을 흘렸다. 그래도 전처럼 대놓고 나를 탓하지는 않았다. 엄마가 저것을 끓이며 언니를 위해 얼마나 많은 기도를 했을까, 저거 제일 좋은 걸로 사셨을 텐데, 이 말만 되풀이 할 뿐이었다.

이제 냉장고 문을 열어도 곰국이 담긴 병이 안 보이니 살 것 같았다. 하지만 개운할 것 같았던 기분과는 달리 마음이 허전했다. 곰국 냄새도 여전히 나는 것 같았다.

냉장고 문을 열어본 엄마는 나에게 기특하다고 했다. 이렇게 잘 먹어야 나쁜 균이 빨리 몸에서 빠져나간다며 가방에서 까만 비닐봉지에 담긴 소꼬리며 족을 꺼내셨다. 베란다로 나간 엄마는 들통을 들고 와 물을 틀고는 가져온 꼬리와 족을 넣었다. 속이 메스꺼웠다. 나는 산책을 핑계 삼아 집을 나섰다.

열 손가락 깨물어 안 아픈 손가락이 없다고 했던가. 엄마에게 나는 일곱 번째 손가락이다. 형제 중 가장 못났으며 늘 부모의 애를 태웠다. 어려서부터 잔병이 잦아 한시도 긴장을 늦출 날이 없었고 경기를 해 정신을 잃으면 아버지는 밤이든 낮이든 나를 들춰 업고 침쟁이 집으로 뛰어야 했다. 침으로도 깨어나지 않으면 침쟁이는 내 발꿈치를 깨물었다. 나의 발꿈치는 침쟁이의 이빨자국으로 늘 시퍼렇게 멍이 들어있었다. 저것이 커서 사람노릇은 제대로 할까, 그것이 엄마와 아버지가 어린 나를 바라보며 하신 말씀이었다.

"허리 좀 펴고 걸어라."

언제 따라오셨는지 엄마가 나의 팔을 잡았다. 나는 슬며시 엄마의 손을 풀고는 한 발짝 앞서 걸었다. 병을 앓고부터 누군가 내 곁에 오는 게 싫었다. 동생과 한 상에서 식사를 안 한 지도 오래 됐다. 내가 먹은 식기는 분리해 끓는 물에 소독했다. 빨래도 따로 했고 속옷은 더욱 열심히 삶아 빨았다. 나에게서 나쁜 병이 전염되었다는 소리는 듣기 싫었다. 병원에 가면 간호사들도 일회용 비닐장갑을 끼고 주사를 놔줬다. 내 온몸에 병균이 묻어 있을까 두려웠던가 보다. 엉덩이에서 주사바늘을 빼기가 무섭게 알코올 솜 하나 쥐어주고는 곧바로 도망치듯 주사실을 빠져나갔으니, 어쩌면 내 동생도 언니가 아니었다면 벌써 도망치고 말았을 일이다.

한 차례 폐결핵이 훑고 지나자 임파선 결핵이 들이닥쳤다.

왼쪽 쇄골 안쪽에 포도알 만한 덩어리가 잡히더니 얼마 안 가 크기가 계란 만해졌다. 의사는 수술이 불가피하다고 했다. 형제들은 직장에 다니거나 시어른을 모시는 형편이어서 엄마가 올라오셨다. 다리가 불편한 엄마는 보호자 침대에 꾸부정하게 앉아 날밤을 새우는 날이 많았다. 열이 높으면 나는 허공을 휘저으며 자꾸 헛소리를 했던 것이다. 창이 밝으려면 아직도 멀었는데 물병을 들고 뒤뚱거리며 병실 문을 조심스럽게 밀고 나가는 엄마의 뒷모습은 실바람만 불어도 쓰러질 듯 가냘퍼 보였다.

 퇴원 후 보름쯤 지나자, 엄마는 동생과 함께 대중목욕탕에 가자고 했다. 싫었다. 등을 돌리고 앉아 대꾸조차 하지 않았다. 추운 날 목욕탕 가기 귀찮아서가 아니었다. 나를 쳐다보는 시선을 감당할 자신이 없었다. 더군다나 목욕탕은 맨몸으로 들어가야 하니, 깡마른 내게서 주춤주춤 뒷걸음질 칠 사람들의 모습을 상상하며 고개를 가로저었다. 동생과 엄마가 양옆에서 싫다는 나를 끌어안다시피 하고는 목욕탕으로 갔다. 마스크를 쓴 나는 눈만 말똥말똥 굴리며 목욕탕 안으로 따라 들어갔다.

 목과 왼쪽 어깨, 가슴께를 붕대로 감고 목욕의자에 앉았다. 엄마는 뒤에서 나를 부축해 안았고 동생은 입술을 앙다문 채 따뜻한 물을 부으며 내 몸을 조심스럽게 문질렀다. 목욕탕 안의 사람들이 흐릿하게 뭉쳐보였다. 그들은 수증기와 함께 천장으로 흩어졌다가 일시에 내게 와락 덤벼드는 것만 같았다.

멀미가 날 때처럼 속이 울렁거렸다. 나는 눈을 감고 등 뒤 엄마의 어깨에 머리를 기댔다. 그렇게 잠시 잠이 들었던 것 같다. 환청인 듯 들려온 가느다란 한숨소리에 잠에서 깼다. 나는 곧 얼굴이 온통 땀으로 범벅이 된 엄마와 눈이 마주쳤다. 나와 엄마를 바라보는 동생의 눈에 눈물이 맺혔다. 나는 우리의 모습이 창피하여 고개를 숙인 채 흐느껴 울었다.

걷다보니 땀이 났다. 가끔씩 불어오는 바람이 이마까지 내려온 머리카락을 쓸어 넘겼다. 동네를 벗어나 냇가로 접어들었다. 35킬로그램도 안 나갔던 나는 걸을 때마다 보는 사람이 불안하다고 했다. 하물며 엄마의 눈에는 어찌 보였을까. 연신 팔을 빼내도 엄마는 집요하게 내 팔을 잡으려 했다. 내가 짜증을 내며 귀찮아하자, 옆으로 한 발짝 떨어져 걸었다. 무슨 말인가 걸어왔지만 대답을 하지 않으니 '독한 것'이라고 들릴 듯 말 듯 말씀하셨다. 나는 못들은 척했다. 저만치 우리의 그림자가 앞서 걷고 있었다. 엄마 키도 어느새 많이 작아졌다.

산책에서 돌아오니 집안에는 곰국 냄새가 진동했다. 동생은 베란다에 들통을 내놓고 있었다. 국이 식으면 주스 병에 하나씩 따라 냉장고에 넣고, 남은 뼈에 다시 물을 부어 오랫동안 끓인 후 같은 방법으로 냉장고 가득 곰국이 담긴 병을 채울 것이다. 엄마는 그 후로도 몇 년간 꿋꿋하게 곰국을 끓이셨다.

엄마야 자식을 포기할 수 없으니 그렇게 했다 쳐도 자식인 나는 무엇인가. 밥벌이를 해야 할 나이에도 엄마 품에서 벗어나지 못하고 서른다섯 살 되도록 용돈을 타 썼다. 그런 자식은 세상에 나밖에 없을 거라며 동생은 요즘도 농담처럼 푸념을 늘어놓는다. 생각할수록 죄송스러울 뿐이다. 없는 애교는 그만두더라도 엄마가 묻는 말에 고분고분 대답이나 해드려도 좋았으련만, 무슨 억하심정인지 엄마를 외면하는 날이 많았다. 엄마의 말씀이 길어지면 슬그머니 그 자리를 빠져나오곤 했다. 나는 그분을 위해 무엇을 했는가 싶다. 한없는 사랑만 받은 기억뿐, 무엇 하나 해드린 것이 없다. 돌아가시면서도 엄마는 큰오빠의 손을 잡고 나를 걱정했다고 한다.

지난해 고향에서 식구들과 조촐하게 생일파티를 하고 올라왔다. 예나 지금이나 시골에 가도 며칠씩 묵지를 못하고 바로 올라오곤 한다. 그날도 나는 밤이 깊었으니 자고 가라는 식구들의 손을 뿌리치고 자동차에 시동을 걸었다. 다음날 동생에게서 전화가 왔다. 큰오빠가 나를 보내놓고는, 왜 어머니께서 가시는 날까지 나를 걱정했는지 이제야 알 것 같다며 섧게 우셨다는 것이다. 나는 큰 숨을 꿀꺽 삼킨 후 천연덕스럽게 대답했다.

"울 오빠도 늙으셨네."

큰오빠는 이제 일흔을 바라본다. 부모님 돌아가시고 오빠가 대신 짊어진 짐의 무게는 짐작이 가고도 남는다. 다른 동생들처럼 나도 좋은 가정을 꾸리고 자식들과 시끌벅적하게 생일을 축하받으면 좋았으련만 매번 혼자이니 안타까웠을 법도 하다.

다행히 생일상을 차려먹어도 안쓰럽고, 그렇지 못해도 안쓰러운, 영락없는 어머니 마음이다.

결핵 완치 판정을 받았을 때, 엄마는 내 병이 엄마의 곰국 덕이라고 믿으셨다. 현대의학이 아무리 발전해도 몸에 좋은 음식을 먹는 것만큼 좋은 치료는 없다고 믿으신 분이다. 하지만 내가 먹은 곰국은 먹은 양보다 버린 것이 더 많았다는 걸 엄마는 끝내 모르셨다.

"어머니의 생은 어쩌면 뼈를 끓이는 시간이었다/ 나로 인해 평생 뜨거웠던 시간이었다"는 이상윤 시인의 〈곰국〉이 생각났다.

씻어놓은 병의 물기를 뺐다. 병뚜껑을 닫아 냉장고 문 그곳에 조심스럽게 넣었다.

새벽에 잠이 깬 나는 목이 말라 냉장고 문을 열었다. 패밀리 주스 병이 눈에 들어왔다. 병에 물을 가득 채웠다. 그 물을 컵에 가득 따라 한 번에 들이켰다. 냉장고 옆 식탁에 있는 액자 속에서 엄마가 환하게 웃으셨다.

우리는 모두 흘러가고 있다

아파트 11층에서 유유히 흐르는 아침 강을 바라본다. 한바탕 장맛비가 휘젓고 간 강물은 이제야 제 색을 찾았다. 찻잔을 들고 서서 제 속도대로 천천히 흐르는 강을 내려다본다. 오늘은 내 마음도 저 강물처럼 고요하다.

흐르지 않는 것은 없다. 우리가 그 흐름 속에 있어 느끼지 못할 뿐이다. 부모님이 돌아가시고 세상이 멈춘 것 같았다. 하지만 그 절망도 흘러갔다. 나를 짓눌렀던 그와의 이별도 지나갔다.

저 강처럼만 살아도 좋겠다. 흐르다가 잠시 침묵하고 때로는 바람에 흔들리지만 주변의 변화에 불평하지 않고 흐름에 순응하는 강. 가끔은 뒤척이는 물고기에게 품을 내주고 멀리 산 그림자에 한눈을 팔 줄 아는 그런 강이고 싶다.

나는 가끔씩 그곳을 잊어서 슬펐던 것이다. 먹구름이 내게만 머무르는 줄 알았다. 눈앞이 늘 캄캄했다. 오늘을 붙들고 있으면 내일은 반드시 온다던 위로의 말이 옹색한 변명쯤으로 들릴 뿐이었다.

생각해보니 즐거웠던 일, 힘들었던 일들은 하나같이 흘러갔다. 머물기를 한사코 거부하는 저 강물처럼.

내 황금기였던 30대도 그랬다. 세상의 돈이 그냥 내 손으로 굴러들어오고, 멋지게 일한다는 칭찬에 얼마나 행복했었던가. 내가 가장 잘났고 내가 하면 안 되는 일이 없을 것처럼 자만에 빠져 있지 않았던가. 그것도 내가 느끼지 못하는 사이에 흘러가 버리고 말았다. 흐르고 남은 것은 빚뿐, 그것을 갚느라 오늘도 나는 어렵게 흐름을 계속하는 중이다.

오랜만에 만난 그가 나에게 변했다고 말했다. 무슨 엉뚱한 소리를 하느냐고 성을 내고 돌아섰지만 곰곰 생각해 보았다. 정말 내가 변한 것인가. 변했다면 무엇이 나를 변하게 한 것일까. 또한 얼마만큼 변했단 말인가? 한동안 그 말이 내 안에서 덜거덕거렸다. 그러나 아니었다. 나는 변한 것이 아니고 그냥 흐르고 있을 뿐이었다. 흐르다가 허우적거리며 뭔가를 붙잡으려 안간힘을 쓰기도 했던 것이다. 그래서 젖은 몸과 마음을 볕에 자주 널어두기도 했었다. 아마도 그는 내가 흘러오면서 부딪친 것들에 대해서는 생각하지 못했을 것이다.

변한 것은 어쩌면 그였을지도 모르겠다. 한 가지 약속도 제대로 지키지 못하고 변명으로 일관한 그. 애초에 나를 위해 몸을 다 바쳐도 아깝지 않다고 했던 고백을 잊었다. 불덩이 같은 내 이마를 짚으며 가슴이 무너진다고 했던 자신의 혀를 접어버린 지 오래다. 더는 이마를 짚어주지도 않았다. 몸을 다 바치기엔 내가 너무 시시했던 것인지도 모르겠다. 하지만 내 입장에서 볼 때 그렇다는 것이지 그도 나와 다르지 않을 것이다. 그도 흐르다보니 그 자리에 서게 된 것일 테니까.

우리 중 누구도 변한 게 아니다. 단지 흘러왔을 뿐이다. 제 몫의 부러진 나무짚단을 지고 오느라고 잠시 상대의 어깨가 무겁다는 것을 느끼지 못한 것은 아닐까. 변한다는 것은 흐른다는 것의 또 다른 말일지도 모른다. 엄밀히 말해 흐르는 것에서 빗겨나는 것은 세상에 없다. 영원히 변하지 않는 것은 '모든 것은 흐르고 있다'는 그것뿐이 아닐까. 아파만 할 일도, 그렇다고 안도할 일도 아니다. 나는 모든 것을 동전의 앞면과 뒷면처럼 내가 보는 시선에서만 바라봤을 뿐이다.

침묵으로 흐르는 저 강은 잔잔한 호수와도 같다. 하지만 소리를 내지 않을 뿐 속으로는 쉼 없이 흐르고 있다. 여기까지 흘러온 내 안의 강물처럼.

강을 바라본다. 들고 있던 찻잔은 식었다. 아니, 식은 것이 아니라 찻잔의 온기가 흘러가버린 것이다. 오래 전 따뜻했던 그의 손이 흘러가버린 것처럼.

구샤미 선생과 고양이

긴자역을 출발하여 해질녘에야 조시가야역[雜司ヶ谷駅]에서 내렸다. 횡단보도를 건너 나쓰메 소세키[夏目漱石](1867~1916) 무덤이 있는 조시가야 묘역으로 향한다. 지도에 나온 대로 5분여쯤 걸었을까, 저만치 꽤 넓은 공원묘지가 보인다. 가방에서 꺼낸 수첩에는 '중앙통로를 따라 숫자 1-14-1라인'이라고 적혔다. 나쓰메 소세키의 무덤이 있는 위치이다. 사람들은 무덤을 가로질러 자전거를 타거나 산책을 한다. 우리의 공동묘지와는 다른 풍경이다. 고양이 한 마리가 누군가의 제단 위에 엎드려 잠자고 있다. 몇몇 다른 묘에서도 고양이를 쉽게 볼 수 있다. 마치 묘지기라도 되는 것처럼 무덤을 수호하고 있다.

어느 분의 표현처럼 나쓰메의 묘비는 의자에 안치된 위패처럼 세워져 있다. 양 옆에 놓인 꽃병에는 백합과 국화꽃이, 제단에는 여러 개의 꽃다발이 놓여 있었다. 옷깃을 여미고 그 앞에서 고개를 숙였다. 꼭 한번 만나고 싶었던 분, 오래 전《나는 고양이로소이다》를 읽고 나서 그런 마음이 들었다. 이 소설은 고양이의 시선으로 바라본 인간군상의 모습을 리얼리즘의 형태로 접근했다. 지식인들의 허위의식과 이중성을 사실적으로 풍자하고 전편에 걸친 유머와 지적 유희는 인간의 위선에 대한 각성을 환기시킨다.

 주인아저씨인 구샤미 선생은 '나[고양이]'를 집으로 들여놓아 줬다. 다른 사람들은 걸핏하면 '나'를 발로 걷어차, 되도록 나는 아저씨 옆에 붙어 있으려고 한다. 아저씨는 책을 볼 때 두세 쪽 읽다 꾸벅꾸벅 졸기 시작한다. 책 위로 침을 질질 흘린다. 딱히 잘하는 것도 없으면서 뭐든지 도전하려 한다. 하이쿠를 짓고 신체시를 쓰고 오류투성이 영문을 쓰는가 하면 활쏘기와 소리를 배우고 악기를 켜는데, 뭐하나 잘하는 것이 없다. 그림을 몰라 미학을 전공한 친구에게 비웃음을 당할 때는 봐주기 민망할 정도이다. 구샤미 선생뿐 아니라 고양이 눈에 비친 인간은 모두 허점투성이다. 킬킬대고 웃지만, 웃다보면 곧 쓸쓸해진다. 어느 날 '나[고양이]'는 인간들이 남긴 술을 마시고 비틀거리다 술독에 빠진다. "나는 죽는다. 죽어 이 태평함을 얻는다. 죽지 않으면 태평함을 얻을 수 없다."로 작품은 끝을 맺는다. "태연하게 보이는 사람들도 마음속을 두드려보면 어딘가 슬픈 소리가 난다."는 고양이의 독백은 소설이 나온 지 100여

년이 넘었지만, 고독한 시대를 살고 있는 우리들에게 위안이 되는 메시지가 아닌가 한다. 나는 선생의 묘비를 바라보며 "나쓰메 선생님, 죽으니 태평하신가요?"라고 여쭈었다. 구샤미 선생과 고양이는 나쓰메 선생과 동체이기 때문이다.

도쿄에서의 둘째 날, 날이 추웠다. 온몸을 뒤집어쓰고도 남을 만큼 푸짐하게 생긴 검정색 롱패딩을 입었다. 길가 쇼윈도에 비친 내 모습은 멍청한 고양이 한 마리였다. 구샤미 선생이 보면 '바보' 같다고 할 게 분명했다.

나쓰메 소세키는 구마모토 문학관에서 7년 전에도 만났고, 4개월 전 이곳을 다녀간 것을 포함, 이번이 세 번째 알현謁見이다. 긴자역에서 지하철을 타고 니혼바시역에 내려 도자이선으로 갈아탔다. 이 길이 내가 묵은 긴자의 호텔에서 소세키를 만나러 가는 가장 가까운 길이다. 행선지는 와세다역, 그러니까 와세다대학이 있는 역이다.

그는 와세다대학 근처에서 태어났다. 그가 태어날 때 이곳은 도쿄가 아니라 에도[江戸]의 우시고메 바바시모요코초[江戸牛込馬場下横町]라는 곳이었다. 오늘날에는 신주쿠 구 기쿠이정[喜久井町]이 되었는데 이것은 1947년의 일이다. 본명은 나쓰메 긴노스케[夏目金之助], 소세키는 필명이다. 그는 부모가 노년에 낳은 아이로, 출생 직후 양자로 보내졌다. 고물상인 요쓰야의 가게 앞을 지나던 누나가 바구니에 담겨 울고 있는 동생을 안고 왔지만 돌을 막 지났을 때 또 다른 집으로 보내졌다. 부친의 친구였던 시오바라 쇼 노스케의 양자로서였다. 양부모가 이혼하면서 아홉 살 때 생가로 돌아왔지만 그는 자기 집이 낯설었다. 친부모를 할아버지 할머니라 생각할 정도였다. 그의 데뷔작 《나는 고양이로소이다》의 첫 문장을 그는 이렇게 시작하고 있다.

"나는 고양이다. 이름은 아직 없다. 어디서 태어났는지 도무지 알 수 없다."

이 문장을 보면 그의 유년시절이 떠올라 마음이 아프다. 버려진 새끼 고양이는 소세키 자신이다. '도무지 알 수가 없다'는 말이 더욱 아프게 와 닿는다. "어디선가 어두컴컴하고 축축한 곳에서 야옹야옹 울던 기억만 남아있다." 광주리에 담겨 차가운 고물상 바닥에 놓여 있던 원초적 기억은 그의 무의식에 잠장潛藏된 것이었다. 친아버지에게도 양아버지에게도 그는 "인간이 아니라 오히려 물건이었다." 자신들의 이득만을 따지는 어른들을 보면서 "훌륭한 사람이 되어 세상과 맞서야겠다는 욕망"을 품게 되었다고 쓰고 있다. 그러면서도 친부나 양부를 마음속으로 끌어안으며 역지사지하는 소세키의 성숙한 인간적 모습은 왜 소세키인가를 알게 한다.

나쓰메는 유년기의 불행했던 양자 체험을 자전소설 《미치쿠사[道草]》(1915년)에서 보여준다. 이 소설은 그가 자신의 생이 얼마 남지 않았다고 느꼈을 때, 50년의 생을 돌아본 작품이다. 그의 생애 중 가장 어두웠던 시기에 해당되는 작품인데 《미치쿠사》는 '길가에 난 풀'과 '한눈팔다'라는 두 가지 의미가 있다. 어떤 해석이든 소세키의 삶을 함축적으로 표현하는 제목이 아닌가 싶다. 자신의 문학을 통해 물었던 "나는 무엇을 하러 이 세상에 왔는가?"라는 물음은 그 자신에게만 해당되는 질문이 아니었다. 내가 문학을 시작하면서 가졌던 질문이고 또한 화두이기도 했다. 아직 마땅한 답을 얻지 못한 나는 지금도 그 물음의 한 가운데 서 있다.

문학평론가 가라타니 고진[柄谷行人](1941~)은 "나쓰메 소세키만큼 갖가지 장르와 문체를 구사한 작가는 일본뿐만 아니라 그 어느 나라에도 존재하지 않을 것이다. 그의 다양성은 하나의 수수께끼"라고 평가한 바 있다. 소설가 고바야시 교지[小林恭二]는 "나쓰메 소세키의 소설은 일본 근대문학의 선구였음에도 처음부터 높은 완성도를 보여주었을 뿐만 아니라 현대에 와서도 전혀 낡은 느낌을 주지 않는다."고 언급했다. 이외, 그의 작품들은 삶의 불안한 내면이나 풍경을 탁월한 통찰력으로 꿰뚫어 보여주었다는 평가를 받고 있다.

주요 작품으로는 《나는 고양이로소이다》 외 《도련님》, 《산시로》, 《그 후》, 《마음》, 《길 위의 생》, 《명암》, 《나그네》 수필집 《유리문 안에서》 등이 있다.

지하철이 와세다역에 도착했다. 역에서 올라와 지도에서 확인했던 그의 생가 자리로 향했다. 같은 길을 몇 번이나 오르락내리락했다. 귀신이 웃을 노릇이었다. 그가 태어난 곳에 세워진 비가 당최 보이지 않았다. 다시 언덕길을 약 오십여 미터 더 올라갔다가 되돌아왔다. 그 언덕을 나쓰메자카[夏目坂]라고 부르는데, 이렇게 이름이 정해진 것은 그의 부친 나쓰메 고효에 나오카쓰의 영향력 때문이었다고 그의 수필집 《유리문 안에서》에서 밝히고 있다. 그의 부친은 에도막부가 열리기 전, 우시고메의 유지였는데, 그 힘을 이용해 겐 로쿠시대 이후 마장하[馬場下]의 훌륭한 군주를 세습하고 있었기 때문에, 이 언덕을 그렇게 명명했다고 한다.

도쿄도 신주쿠구 기쿠이정 1번지. 마침내 그의 생가 터를 찾을 수 있었다. 유심히 본다고 했으나 그곳이 아닌 다른 곳에 눈을 두어 헤맨 것이었다. 현재는 6층짜리 주거용 건물이며 1층에는 음식점들이 들어섰다. 건물 앞의 검은 화강암 비석에 '나쓰메 소세키의 생가터 비[夏目漱石誕生の地碑]'라고 적혀 있다. 이 비석은 소세키의 탄생 백 주년을 기념하기 위해 1966년에 세워졌으며 그의 제자인 아베 요시시게[安倍能成](1883-1966)가 썼다. 아베는 철학자이자 교육가였고 또 상원의원, 문부대신을 지냈으며 칸트와 스피노자의 윤리학에 대한 책을 저술하기도 했다.

소세키 산방으로 가기 전, 가까운 와세다대학부터 가보기로 했다. 교정을 산책하다가 정원에 있는 교내 커피점으로 들어갔다. 식물원이 마주 보이는 자리에 앉아 스콘과 커피로 늦은 점심식사를 대신했다. 나쓰메도 이곳 어디쯤에 앉아 쓴 커피

한 잔 했을까 생각하니 공연이 우쭐해지면서 기분이 좋아졌다. 2월의 짧은 낮을 보내기에는 일정이 너무나 빡빡했다. 그가 만년을 보낸 소세키산방기념관으로 가기 위해 다시 생가 터 쪽으로 방향을 틀었다. 지도대로라면 그곳에서 약 육백 미터 떨어져 있는 곳에 기념관이 있을 터. 와세다역을 따라 동쪽으로 200미터쯤 걸어 미니스톱이 보이는 곳으로 간다. 그곳에서 한 시 방향으로 난 옆 골목으로 들어서면 호젓한 주택가가 나온다. 흰 페인트로 길바닥에 고양이를 그려, 산방으로 가는 길을 안내한다. 고양이는 자신을 따라오면 나쓰메 선생을 만날 수 있다는 듯 경쾌한 발걸음으로 앞서 걸었다. 그를 따라가니 문학관에 쉽게 다다를 수 있었다.

　이곳은 소세키가 살았던 장소로, 일본식과 서양식이 결합된 단층집이었다. 정원에는 커다란 파초가 심어졌고 현대적인 형태의 베란다형 복도가 길게 뻗어 있다. 산방은 이 부분을 그대로 재현했다. 이곳은 그의 생가 터와 약 육백 미터, 소세키는 이곳에서 생애의 마지막 나날을 보냈다. 그러고 보니 그가 태어난 곳과 임종한 곳의 거리는 육백 미터가 된다. 신주쿠 구 와세다미나미초 7번지[新宿区早稲田南町七番地]. 소세키는 생전에 이곳을 '소세키산보[漱石山房]'라고 불렀다. 그가 실제로 문학 활동을 한 기간은 생의 마지막 10년 동안이니 일본문단에 지대한 영향을 끼친 그의 작품들 대부분이 이 집에서 태어났다고 봐도 무방할 터이다. 안타깝게도 이 집은 1945년 5월 25일 미군의 공습으로 모두 불타 없어졌다. 신주쿠 구는 미래세대에게 장소의 기억을 선물하기 위해 소세키 탄생 150주년을 기념하면서 2017년 전용 박물관을 세웠다. 건물 오른쪽 그의 흉상과 마주한다. 흉상 옆 안내판이 우리에게 익숙한 그의 사진들을 보여준다. 양복에 넥타이를 매고 콧수염을 단정하게 다듬었다. 어찌 보면 매우 고집스럽게도, 또 어찌 보면 준엄해 보이기도 한다. 눈빛에서 장난기도 읽을 수 있는데 나는 거기서 구샤미 선생을 떠올리게 된다. 그의 작품을 읽은 사람이라면 충분히 그리고도 남을 것이다. 건물 뒤 정원에는 고양이 무덤이 있다. 소세키와 고양이는 떼려야 뗄 수 없는 관계였나 보다. 돌탑 주변은 깔끔하게 정돈되어 있고 화단은 작은 꽃들로 장식되어 있었다.

나는 그의 수필집《유리문 안에서》가 작가의 인생관과 생애를 한눈에 볼 수 있는 자서전이라고 어느 글에서 평한 적이 있다. 《유리문 안에서》에서 나쓰메 소세키는 한정된 공간에서 무료한 시간을 보냈다. 만성 위장염에 시달리며 좋아졌다 나빠졌다 하기를 반복하는 과정에서 자신의 병을 생활의 일부라 여긴다. 병마와 싸우는 무료함 속에 오롯이 앉아, 자기 자신을 작품 안에 투영한다. 소세키는 "누가 뭐라 해도 나는 내가 하고 싶은 일만 하겠다."는 작가적 의지와 인간적인 고집스러움을 보여주었다. 기억에 남는 대목은 그가 어느 날, 한 잡지사의 취재원과 사진 때문에 실랑이를 벌였던 일이다. 환하게 웃는 인물 사진을 선호하는 잡지의 특성상 작가에게 웃기를 권했지만 고집불통인 그는 아랑곳하지 않았다. 웃어달라고 사정할수록 그의 표정은 오히려 더 굳어졌다. 어찌어찌 사진을 찍었고, 며칠 후 사진을 받아본 작가는 낯선 자신의 모습과 마주했다. 쓴웃음을 짓고 있는 모습으로, 사진에 손을 댄 흔적이 역력했다. 취재원에게 '복수'를 당한 것이라 눙쳐버렸을 때의 유쾌함이라니. 이도 어느 날의 구샤미 선생의 모습이었다.

안으로 들어가 '카페 소세키'에서 차 한 잔을 마신다. 백여 년 전 이곳 어디쯤에 앉아 유리문 밖을 내다보았을 그를 생각한다. 작품을 구상하거나 고양이와 대화하며 하루가 다르게 쇠약해지는 몸을 가누면서 글을 재촉했을 선생. 위궤양 재발과 함께 감기가 찾아와 바깥출입이 제한된 그는 '소세키산방'의 유리문 안에서 49세를 맞은 새해, 제자에게 보내는 연하장에 자신이 죽을지도 모른다는 예감을 밝힌다.

고양이의 피부병과 자신의 병을 연결하여 바라보는 마음, 불행했던 유년의 기억, 두 형의 폐결핵으로 인한 사망, 아내의 자살기도, 본인의 신경쇠약과 만성 위장병, 극도의 허무주의 등에도 불구하고 그가 만년에 표방했던 '칙천거사則天去私', 나를 버리고 하늘을 따른다는 그 노자적 순천관順天觀을 수용했다. 인간의 삶에 대한 깊은 성찰이 깃들어 있음은 물론이요, 쉽게 비관하지도 않았다.

소세키산방에서 그는 아내와 두 아들, 그리고 딸들과 함께 살았다. 집에는 방문객이 끊이지 않았다. 목요일마다 집 거실에서 그를 좋아하는 작가들과 문학살롱을 열었다. 모임이름을 '목요회[木曜會]'라고 불렸으며 그의 제자 아베 요시시게도, 아쿠타가와 류노스케도 목요회 멤버였다.

도서관을 둘러보았다. 3,500권이나 되는 책들, 모두 소세키에 관련된 것들이었다. 일본문단에 대한 그의 공헌을 짐작할 수 있었다. 책은 방문객 누구든지 꺼내 읽어볼 수 있지만 빌려가는 것은 허용되지 않았다. 많은 사람들이 햇살 좋은 창가에 앉아서 책을 읽는다. 평안해보였다. 도시는 번화하고 시끄러우나 그런 도시 안에 이런 한적한 곳이 있나 싶을 정도였다. 문학관을 빠져나온 나는 그가 생전에 산책했을 골목길을 천천히 걸었다. 자신의 우울증과 시대의 모순 앞에서 수없이 고뇌했을 그를 느끼며 터벅터벅 발을 옮겼다. 아무려나, 하늘은 맑고 푸르렀다. 잘 정돈된 길을 걸으며 문학이 무엇인가를 생각해보았다.

소세키는 신주쿠에서 태어났고 신주쿠에서 살다가 신주쿠에서 죽었다. 신주쿠는 그의 탯자리이며 문학의 산실로, 그는 신주쿠[新宿]의 작가였다.

2부

소주 반병과
오래된 신발
떨림의 눈빛
죽여주는 여자
경주慶州
어떤 풍경
지중해의 여름
화분
각설탕
비 오는 날의 칸타타

소주 반병과

 술을 마시고 싶다. 일단은 한 잔이라도 좋다. 하지만 한 잔은 다른 한 잔을 부를 것이고, 그렇게 거푸 마시다 보면 어느 순간 깊이 취하게 될 것이다. 나는 지금 꼭 그러고 싶다.
 술의 힘을 빌려 순간을 모면하려는 것은 어쩌면 비겁한 짓일지도 모르겠지만 맨 정신으로는 더 이상 숨을 쉴 수 없을 것만 같다. 바깥에서 들려오는 왁자한 소음들이 불규칙한 곤충의 날갯짓 소리처럼 자꾸만 귀에 거슬린다. 젖은 낙엽처럼 달라붙어서 좀처럼 떨어질 기미가 없다. 철 지난 이야기들이 바위덩이처럼 나의 가슴을 짓누른다. 모두 벗어버리고 싶다.
 한 잔 술의 위력은 어떤 것일까. 소주 한 병을 따서 소주잔에 채운다. 슬며시 겁이 난다. 과연 내가 이 술을 목구멍으로 넘길 수 있을까. 마신 후 그 뒤를 감당할 수는 있으려나. 마치 숭고한 예식을 치르듯 술잔을 한참 동안 응시한다. 팔부쯤 채워진 맑고 투명한 액체, 이윽고 나는 그것을 입술에 갖다 댄다. 알코올 냄새가 코끝을 지나 머리까지 치밀어 오른다.

처음에는 한 잔을 세 번쯤으로 나눠 마셔볼까 했다. 하지만 평소 멋있게 보였던, 손목을 꺾어 단번에 입안으로 털어 넣는 소주의 맛을 느껴보고 싶다. 스스로에게 주문을 외워본다. 코를 막은 후 그대로 털어버릴 것. 어쩌면 나는 마약의 힘을 빌렸던 '해시시클럽'의 예술가들처럼 술의 기운을 빌려 억압된 내 안의 것들과 정면으로 부딪쳐보고 싶었던 것인지도 모르겠다.

드디어, 한 잔, 꿀꺽.

미간을 찌푸리며 숨을 입 밖으로 내몰아본다.

"캬~!"

나도 모르게 외마디 소리가 터져 나온다. 혀끝 지나 목에서 가슴으로 흐르는 찌르르한 독기. 명치끝이 아려온다. 기억을 더듬어보니 점심은 물론 저녁도 거른 채였다. 밥 생각이 없어서이기도 했지만 기왕이면 빈속에 첫잔의 기운을 경험해보고 싶기도 했다.

잔을 내려놓기도 전에 머릿속이 핑그르르 돌며 피가 역류하는 듯하다. 거울 속을 들여다본다. 잘 익은 사과 두 알이 보인다. 광대뼈 위로 모세혈관이 선명하게 드러나 있다. 적나라한 나의 결점. 그것 때문에 언제나 분장에 가까운 화장을 해야만 했다. 고개를 한 번 흔든 다음 샐쭉 웃어보다가 두 번째 잔을 채운다. 약간의 경련이 일면서 방바닥에 한 방울 술이 떨어진다. 그 휘발성 방향이 코끝을 찌른다. 나는 주저하지 않고 두 번째의 잔을 순식간에 털어 넣는다. 망설임 없이 꿀꺽 삼킨 후 침을 모아 목구멍으로 굴려 넘긴다. 다시 한번 침을 모아 넘기고는 줄어든 술병의 눈금을 바라본다. '꿀꺽' 하고 넘기면 그만인 것을. 실실 웃음이 나온다. 별것도 아닌 것에 겁을 내었다.

문득 프랑스 시인 보들레르의 인기척을 느낀다. 그가 스스로 온 것인지 내가 그를 부른 것인지는 모르겠으나 오늘만큼은 그의 방문이 부담스럽지 않다. 자신의 몸을 예술의 도구로 기꺼이 소모했던 그는 해시시로 몸을 망가뜨려가며 〈인공낙원〉을 썼는데, 문학사상 환각의 실체를 가장 잘 묘사한 작품이라는 평가를 받았다. 퀭한 눈, 두드러진 광대뼈, 어떤 유혹에도 넘어가지 않을 듯 앙다문 입술, 세상을 꿰뚫어볼 것만 같은 강한 눈빛으로 나를 응시하는 그를 도무지 뿌리칠 수가 없다. 나에게 어떤 말을 하기 위해 그가 찾아온 것일까.

'삶의 조건을 받아들이지 않는 인간은 누구나 자기의 영혼을 판다'고 했던 그의 말이 머릿속을 강하게 스치고 지나간다. 나는 그를 위해 빈 술잔을 높이 든다. 그리고 세 번째 잔을 채운다. 그는 삶을 받아들일 수 없어, 그리고 예술을 위해 해시시에 영혼을 팔았지만, 나는 삶의 조건을 받아들이기 위해 소주에 내 영혼을 팔아보기로 한다. 가슴이 쿵쾅거리고 온몸이 화로

처럼 달아오른다. 멀리서 말밥굽 소리가 들려온다. 북소리도 함께 따라온다. 둥둥둥. 나는 거침없이 돌진하는 전사다. 무작정 앞으로 나아간다. 갑갑한 현실로부터의 도피, 앞을 가로막는 장애물 따위는 우지끈 밟고 지나갈 자신감이 치솟는다. 지금이라면 어떤 일도 거뜬하게 해낼 수 있을 것만 같다. 숨이 턱까지 차오른다. 칼을 휘두르기 전, 나는 온 힘을 손에 모으고 들고 있던 세 번째 잔을 목구멍으로 쏟아 넣는다.

"인생! 한 줌도 안 되는 그것!"

울퉁불퉁한 오솔길보다는 확 트인 아스팔트길을 걸으라던 부모님의 당부. 해가 떨어지면 반드시 집안에 들어와 있어야 한다는 가족 간의 무언의 약속. 상스러운 말을 삼가고 반듯하게 행동하며, 끼니때가 되면 남의 집 대문 앞을 기웃거리지 말라는 가르침 등이 지금껏 나를 압박해 왔다. 어째서 남자친구와 어울리면 안 되는 것이며, 다른 아이들처럼 하룻밤쯤 친구 집에서 자고 오면 큰일 나는 일이었는지. 짧은 치마나 달라붙는 바지를 입으면 하늘이 두 쪽 난다고 큰소리치셨던 어머니, 아, 어머니……. 치마 길이가 짧아도 바지가 몸에 달라붙어도 내게 눈길 주는 이는 아무도 없다는 걸 그분만 모르셨다. 반듯한 몸가짐만이 인생의 정답이 아니란 것을 그분은 몰랐던 것이다.

한 잔을 더 따른다. 넉 잔째. 술이 술을 부른다더니 그 짝이다. 같잖다는 듯 나는 그 잔을 내려다본다. 그리고 씩씩하게 잔을 든다. 아무나 위해 건배! 잔이 잠시 출렁거린다. 서둘러 들이켠다. 하지만 다 비우지는 못한다. 술이 더는 목구멍을 타고 넘어가질 않는다. 금방 토악질이 나 화장실로 직행하고 만다. 변기 뚜껑을 올리고 힘들게 마신 소주를 게워낸다. 한참을 그렇게 쪼그리고 앉아 웩웩거린다.

정신이 들었을 땐 창밖이 훤했다. 양변기를 끌어안고 기절했는지, 잠이 들었는지 팔다리가 몹시 저렸다. 머리는 깨질 듯이 아프고, 술 마신 기억은 너무나 새삼스럽다. 본 사람은 없지만 부끄러웠다. 속이 쓰려왔다. 아, 해장, 그래 해장을 해야겠다. 하지만 냉수 한 잔만 겨우 마시고 그대로 자리에 쓰러졌다. 천장이 빙글빙글 돌았다. 밤새도록 어딘가를 정신없이 쏘다닌 사람처럼 지쳐 있었다.

술이 가슴속 덩어리 하나쯤 들어내 줄 것이라는 생각은 커다란 착각이었다. 그것이 무언가를 느끼게 했다거나 어떤 각오를 다지게 하지는 않았다. 다만 잠시 용기를 내는 척해 보았고, 약간의 위안이 허락되었을 뿐이다. 나는 달라지지 않았고 사고도 예전 그대로였다. 삶의 조건들도 여전히 난공불락難攻不落의 요새처럼 버티고 있었다.

반쯤 남은 소주병을 바라본다. 도대체 나는 반병도 채 안 되는 주량으로 무엇을 작정했단 말인가. 잠 못 이루었던 어느 날 밤처럼 머릿속이 어지러웠다. 이래서 다시 술로 해장을 하는 것일까. 비로소 자신의 몸을 환각의 도구로 삼았던 보들레르의 심정을 조금은 알 듯도 했다. 나는 이 지독한 속쓰림을 무엇과 바꾼 것일까. 몸의 변화를 겪으며 그의 속쓰림과 회한을 다소라도 이해할 수 있었다는 것. 그래, 그것이었다고 해도 무방할 것 같다.

오래된 신발

 운동을 함께하던 친구를 만나기로 한 날, 오후였다. 화원에서 함께 차를 마시고 있던 보험사 영업사원이 나를 따라가고 싶다고 했다. 먼저 전화로 친구에게 동의를 구했다. 잠깐 집에 다녀오겠다던 그녀는 화려한 옷차림과 요란한 화장으로 언제나 그랬듯이 '평범'을 거부하고 있었다. 구두코 한가운데서 보석이 반짝였다.

 먼저 와 있던 친구가 식당 안으로 우리를 안내했다. 내 신발을 신발장에 넣어주겠다는 것을 사양하며 먼저 들여보냈다. 친구와 영업사원이 들어간 후 재빨리 나의 못 생긴 신발을 신발장 깊숙이 밀어 넣었다.

 식사를 마치고 일어설 무렵, 평소에 매너 좋기로 소문난 친구는 먼저 나가 신발장에서 구두 두 켤레를 꺼내왔다. 바닥에 놓인 그녀의 구두가 멋지게 빛났다. 그 옆에 오래된 나의 구두가 찌그러진 알루미늄 캔처럼 납작 엎드려 있었다. 낯이 뜨거웠다. 신발에서 신분의 차이가 느껴졌다. 두 사람은 아무 일 없다는 듯 먼저 식당문을 나갔지만 나는 한동안 그 자리에서 꼼짝할 수가 없었다.

그날 이후 나는 신발에 온 신경이 곤두섰다. 외출을 하거나 일을 하다가 누군가와 갑자기 마주치게 되면 신발을 살피는 버릇이 생겨버렸다. 여성들이 하루에도 몇 번씩 거울을 보며 화장한 얼굴을 살피듯이 수시로 신발의 먼지를 털어내고 끈을 바로 매곤 했다. 더러운 것이 흉이지 오래된 것은 흉이 아니라는 어머니 말씀이 그때만큼은 아무 소용이 없었다. 구두약을 칠하고 광을 내도 오래된 구두는 그저 오래된 구두일 뿐이었다.

신발장을 열면 내가 걸어온 시간의 흔적이 고스란히 담긴 낡은 신발이 여러 켤레 있다. 남들이 보면 초라하기 그지없는 신발들이다. 하루 종일 굽 높은 뾰족구두를 신고 있을 수 없는 나는 출근만 하면 단화나 운동화로 바꿔 신는다. 해가 거듭될수록 작업화의 흔적은 다양하게 나타난다. 발을 쉽게 넣고 뺄 수 있는 단화는 주둥이가 반들반들하다. 운동화의 볼은 팥빵처럼 펑퍼짐하게 퍼졌고 물 줄 때 신는 장화도 원래의 빛깔을 잃어버렸다. 신발 뒤축의 닳은 모양을 보면 그 사람이 걸을 때의 자세가 짐작된다고 한다. 내 신발은 양쪽 발뒤꿈치 바깥

부분이 더 많이 닳았다. 평소 나의 걸음걸이가 그려진다. 요즘 들어서는 내 신발들의 변화를 보면서 내가 걸어온 시간을 되짚어 보기도 한다.

신발은 그 사람의 인격을 말해준다고들 한다. 신발이 깨끗하면 깔끔한 사람으로 존경받고, 먼지가 뿌옇게 쌓여 있으면 썩 좋은 인품이 아니라는 평가를 받는다는 것이다. 그 말이 사뭇 틀린 것은 아니지만, 나는 반드시 그렇다고는 생각하지 않는다. 신발에도 각자의 길이라는 게 있다. 공사장에서 일하는 사람의 신발이 반들거린다면 그도 이상한 일이다. 얼룩진 신발을 신은 사람은 털털한 성격의 소유자일 수 있다. 패션의 완성은 신발이라는 한 광고 문구처럼 신발이 그 사람을 대변해 줄지는 모르겠지만 신발이야말로 주인과 더불어 살아온 분신 같은 존재이기에 그 사람의 인생이라 해도 틀리지 않을 것이다.

골라놓은 꽃들이 차에 실리기를 기다리며 무심히 나의 신발을 내려다본다. 발목까지 올라오는 작업용 단화이다. 오늘 따라 신발은 간밤에 잠 못 이룬 내 얼굴을 닮아 있다. 어둠이 채 가시지 않은 새벽부터 열심히 달려온 시간, 어제와 다름없이 부지런히 움직였지만 나는 여전히 어제 그 자리에 머물러 있다. 어려운 상황에 부딪치게 되면 그것에 적응하려 무던히도 애를 써보지만, 부딪칠 때마다 늘 새로워서 버겁기만 하다.

인생에는 '한때'라는 게 있다고 한다. 한때는 '잘 나가는 때'

라는 긍정적 의미와 '어려움에 처한 때'라는 부정적 의미, 두 가지를 담고 있다. 하지만 부정적 의미의 한때도 어떤 마음가짐으로 대하느냐에 따라 앞날이 긍정적으로 펼쳐질 수도 있다. 나의 한때는 내가 가장 힘들었을 때였고, 캄캄한 어둠 속에 속절없이 주저앉아 있던 때였던 것 같다. 그 과정에서 나는 인내하는 법을 배웠고, 숙이고 굽혀야 할 때가 있다는 것을 알았다. 목소리를 낮추고 천천히 걷는 법도 배웠고, 뒤를 돌아보는 여유도 조금이나마 느낄 수 있게 되었다. 신발은 그럴 때마다 나와 함께 하였다. 아주 사사로운 일에 마음 상했을 때도, 가슴이 미어지게 아팠을 때에도, 내 신발은 고단함을 견디며 묵묵히 나를 지탱해주었다. 너무 오래 걸어 발에 물집이 터지고 옹이처럼 굳은살이 돋아나도 그 자리에 새 살이 차오른다는 희망을 알게 해주었다.

일그러지고 못나보여도 그 모습 그대로 오래도록 간직하고 싶은 나의 오래된 신발들. 그 신발들을 바라보며 거친 세상을 씩씩하게 걸어온 나를 다독여본다.

떨림의 눈빛

 여류화가 조지아 오키프의 눈빛이 오빌 콕스에게 깊숙이 가닿는다. 추파를 던지는 듯 오묘하고 은근하다. 그날 여행가이드였던 콕스는 수줍은 듯 고개를 살짝 숙이고 옷매무새를 고치는 중이었다. 이 미묘한 순간을 놓치지 않고 35㎜ 소형 카메라에 담은 건 현대 사진계의 거장 안셀 아담스이다.

 경향신문의 문화면을 펼치다가, 세종문화회관에서 열리고 있다는 안셀 아담스의 전시회 사진 한 장이 내 마음을 흔들었다. 그는 1937년 애리조나의 캐니언 드 셰이를 친구들과 함께 여행하던 중에 이 사진을 찍게 되었다고 밝혔다. 나는 사진 속 두 사람의 모습을 한참 동안 지켜보다가 가위로 기사를 오렸다. 그러고도 얼핏 남성성이 느껴지는 조지아 오키프의 의미심장한 눈빛에서 좀처럼 벗어날 수 없었다. 또한 그의 시선을 애써 못 느낀 척 고개를 숙이고 있는 오빌 콕스의 무심한 표정이 왠지 가슴을 아리게도 했다. 얼마 전 보았던 영화 〈브로크백 마운틴〉이 떠올랐다. 에니스를 향한 잭의 간절했던 눈빛이 다시금 생생하게 되살아났던 것이다. 세상 속에서 불안하기만 했던, 그래서 평생 안고 가야만 했던 그들의 외로움을 영화는 끝날 때까지 한시도 외면하지 않았다. 사진 속 조지아의 눈빛은 잭의 눈빛과 무척이나 닮아 있었다.

〈브로크백마운틴〉은 동성애에 적대적이었던 1960년대 미국 사회를 배경으로 한 영화이다. 영화가 시작되면 금방이라도 줄이 끊어질 듯 팽팽한 느낌의 기타 연주가 극도의 긴장감을 연출하고, 어둠 속 자동차불빛이 먼 길 달려온 누군가의 인생처럼 지친 여정을 말해준다. 길게 늘어선 띠구름이 화면을 가득 채우다가 맑은 하늘이 펼쳐지고, 잭과 에니스의 만남이 시작된다.

에니스와 잭은 브로크백 마운틴에서 한철 양치기 일을 하며 서로 묘한 감정에 빠져든다. 잭과 하룻밤을 보낸 에니스는 낯선 상황에 어색해하며 그의 시선을 뒤로 한 채 양떼가 있는 산으로 올라간다. 에니스는 자신을 원하는 잭에게 그저 하룻밤에 일어난 일일 뿐이라고 단호하게 말하지만 잭의 간절한 손길을 끝내 밀어내지 못한다. 결국 교대로 양떼가 있는 산을 지켜야 할 밤 시간에 그들은 서로를 끝없이 탐닉하게 된다.

산짐승들에 의해 양들이 죽어나가고 마침 태풍이 온다는 예보도 있어 그들은 예정보다 빨리 일을 마무리해야 했다. 하지만 그것은 그들을 쫓아내기 위한 주인의 핑계였다. 어느 날 양치기 감시를 위해 산에 오른 주인의 눈에 벌거벗고 뒹구는 그들의 모습이 적나라하게 노출되었기 때문이다.

산에서 내려온 그들은 각자 결혼을 하고도 20여 년 동안 비밀리에 만남을 유지한다. 그러나 그들 앞에 놓인 현실은 그리 만만치 않다. 두 사람이 부둥켜안은 모습을 보게 된 에니스의 아내는 가슴속에 아픔을 묻어두지만 끝내 가정에 충실치 못한 남편에게 이혼을 요구한다.

에니스의 이혼 소식을 듣고 단숨에 달려온 잭에게 에니스는 여전히 무심하다. 잭은 그 길로 멕시코로 넘어가 동성애자들의 사창가를 서성인다. 넋이 나간 듯한 잭의 눈빛은 슬픔으로 가득했다. 그런 잭의 모습 위로 〈Quizas, Quizas, Quizas〉가 흐른다.

> 당신은 나를 사랑하고 있는 것일까? 나는 어떻게 하면 좋을까? 언제나 당신은 나에게 '어쩌면, 어쩌면' 하고 말하고 있지요. 나는 백만 번이나 물었지만, 다시 한 번 묻겠어요. 그래도 당신의 대답은 오로지 '어쩌면, 어쩌면'이라고 할 뿐이지요. 정말 사랑하고 있다면, '예스'라고 말해주세요.

쿠바 출신의 오스발도 파레스Osvldo Farres가 만든 볼레로 곡으로 유명한 이 노래는 잭의 외롭고 고독한 심정을 잘 표현했다. 음악을 배경으로 한 동성애자의 손에 이끌려 아득히 사라져가는 잭의 뒷모습은 차라리 절망적이었다.

얼마의 시간이 지나 모처럼 잭에게 전화를 건 에니스에게 잭의 아내는 덤덤하게 그의 죽음을 말해준다. 에니스의 주름진 얼굴 위로 외롭고 쓸쓸하게 죽음을 맞이했을 잭의 얼굴이 오버랩 된다. 잭을 떠올리며 마른 눈물을 흘리던 에니스는 잭의 고향집을 찾아가 그의 방을 둘러본다. 잭의 옷장을 살피던 에니스의 손이 순간 멈칫한다. 20여 년 전 두 사람의 주먹다짐으로 번진 피 묻은 자신의 셔츠를 잭은 자기의 옷 안에 나란히 포개어 걸어두었던 것이다. 그걸 가슴에 품은 채 에니스는 오열한다.

영화가 끝나고 나는 한참 동안 그 여운에서 빠져나올 수가 없었다. "동성애는 아주 섬세한 사랑입니다. 왜냐하면 순수한 근원인 우정을 느끼게 해주니까요."라고 말하던 마르셀 프루스트의 말도 귀에서 떠나지 않았다. 영화를 보는 동안 그들이 동성이었다는 사실을 새까맣게 잊고 있었다는 사실도 신기했다.

다수에 의해 소외되었던 그들. 그들이 소외를 감수하면서까지 사랑하는 이에게 보낸 그 눈빛은 단지 애절함만은 아니었을 것이다. 그것은 인간이 인간에게 보내는 이해와 믿음, 그리고 소통의 눈빛, 그들의 사랑을 무조건 꺼려하려고만 드는 세상에 보내는 그들만의 간절한 목소리가 담긴 떨림의 눈빛이 아니었을까.

영화의 여운이 채 사라지기 전, 연극 한 편을 소개받았다. 동성애자의 이야기를 다룬 〈프라이드〉였다. 이 작품은 1958년과 2015년, 두 시대의 상황을 교차해 보여주었다. 그러나 〈프라이드〉에서 필립을 바라보는 올리버의 눈빛이 〈브로크백 마운틴〉에서 에니스를 바라보던 잭의 눈빛을 연상하게 했을 때 나는 동행한 이를 의식하지 않을 수 없었다. 아직 그들의 사회에 대해 자유롭지 못한 나의 사고 때문이었을 것이다.

동성애자들의 갈등과 그들을 바라보는 이들의 날선 시선을 배우의 표정과 음악, 무대장치로 짐작하며 그들의 무대 위 동선과 목소리를 따라 서로 다른 시간여행에 몸을 맡겼다. 객석은 조용했고 열연하는 배우의 땀 냄새가 객석 중앙에까지 와 닿았다. 다소 수위가 높은 장면에서도 나는 헛기침 한 번 내지 않고 그들에 대해 무척이나 너그럽고 여유로운 척했다. 하지만 배우들의 스킨십이 격렬해지는 부분에서는 평소 동성애자들에 대한 이해가 비교적 넓어졌다고 자부했음에도 불구하고 왠지 모를 혐오감에 몸이 떨렸다. 순간 그들의 외로움과 고독 앞에서 잠시 관대한 척했던 내가 가소로워졌다. 정상과 비정상의 잣대를 놓고 둘 사이에서 비틀거리고 있는 내 처지가 바늘방석에 앉아 있는 듯 몹시 불편했다. 나는 그들 앞에서 여전히 정상인이었고 그들은 어디까지나 '특별한 소수'였다. 정상과 비정상의 경계는 어디쯤에서 구분되어야 할까. 나는 왜 매번 가장 근원적인 것에 이르면 흔들리고 주저하는가. 갑자기 두통이 몰려왔다.

숨을 죽이고 두통약 한 알을 침을 모아 삼켰다. 누가 저들을 제어할 수 있을까. 조물주라고 그들을 막을 수 있을까. 정말 신이 있다면 이 일이야말로 신이 만든 오류가 아닐까. 누구나 자신이 원하는 삶을 부여받고 태어나지는 않는다. 주어진 대로 살아갈 따름이다. 아직 〈브로크백마운틴〉의 여운이 남아서일까, 나는 어느새 배우들의 표정과 대사에 몰입되고 그들의 애달픈 이야기 속으로 끌려 들어갔다.

차이코프스키의 음악 〈Nocturne In C # Minor〉이 무대 중앙으로 묵직하게 흘러나왔다. 나는 첼로의 깊고 무거운 저음 속으로 이내 빨려 들어갔다. 아리아 〈그대 음성에 내 마음은 열리고〉는 아내를 둔 필립의 말 못할 흔들림으로 다가왔다. 올리버와 필립의 갈등 사이에 흐르는 음악들은 그들의 심리를 잘 묘사해주고 있었다.

필립과 올리버는 동성애자를 혐오하는 1958년 사회 분위기 속에서 결코 자유롭지 못했다. 하지만 2015년의 그들은 사뭇 경쾌하다. 유쾌하고 발랄하며 생기가 넘친다. 그들은 동성애자 페스티벌에 초대된다. 그곳에서 애정을 과시하고 있는 95세의 동성 연인을 발견한다. 그 연인들을 보면서 자신들이 1958년에서 2015년으로 걸어온 것 같은 착각에 빠진다. 마치 미래의 자신들의 모습이 그러하리라 믿고 싶은 것이다.

인간의 역사가 쓰인 이래, 동성애자들은 엄청난 죄를 지은 사람들처럼 음지에서 숨어 살았다. 동성애의 기록은 고대부터 존재했고, 사람뿐 아니라 많은 종의 동물들에서도 발견되기도 한다. 고대 그리스에서는 성인과 소년 간의 동성애가 일반적이었지만 로마제국이 멸망하면서는 타락으로 간주해 동성애가 금지되기도 했다. 르네상스 시대 대부분의 유럽국가에서는 동성애자를 사형에 처하기도 했는데, 19세기에는 이를 정신질환으로 취급해 독일의 정치 정당인 나치Nazis가 박해대상으로 삼아 강간 및 생체실험, 생매장 등의 탄압을 가하기도 했다.

1957년에 '성인 사이에 합의한 동성 간 성행위는 더 이상 범죄 행위로 취급 받아서는 안 된다'고 주장한 울펜덴 보고서 Wolfenden Repoet가 출간되었다. 동성애자들을 처벌하거나 기소하는 대상에서 제외시키는데 이 주장이 가장 큰 기여를 했다지만 그들의 권리가 법적으로 인정된 것은 그로부터 10년도 더 지난 후였다. 2015년 6월 23일은 미국의 동성결혼 합헌이 결정된 날이다. 그로써 미국은 동성결혼을 허용한 21번째 국가가 되었다.

〈브로크백마운틴〉과 〈프라이드〉는 동성애에 대해 우리가 알고 있는 것의 일부를 보여준 것뿐이다. 아직도 우리 사회에서는 여전히 소수의 아웃사이더인 그들.

얼마 전까지만 해도 이혼을 하면 그 누구에게도 자신의 처지를 밝히지 못하는 사람들이 많았다. 그러나 지금은 스스로 이혼을 스스럼없이 말할 수 있을 정도로 사회적 분위기는 비교적 관대해졌다. 어쩌면 지금까지 그들을 소외시킨 것은 사회가 아니었는지도 모른다. 관습 때문에 본인 스스로가 쉽사리 드러내지 못한 것은 아니었을까. 동성애자의 실상도 크게 다르지 않을 것이다. 내가 동성애자의 성 정체성을 인정하려는 것이 그들의 성행위에서 오는 여러 부작용과 폐해까지 받아들이겠다는 것은 아니다.

이런 나의 생각도 언젠가는 변할 것이다. 변화는 불편부당한 사회의 편견에서 벗어나려는 수많은 사람들의 개방적인 사고가 이루어낸 것이라고 봤을 때 전혀 불가능한 것도 아니다. '인간은 누구나 평등하다'고 한다. 평등한 인간이 만든 법 앞에서 어떤 사람이든 평등해야 한다는 진실의 행렬에 나도 한 걸음 발을 들여놓고 싶어졌다.

책상 위에 놓인 안셀 아담스의 사진을 다시 내려다본다. 사진 속 두주인공이 서 있는 풍경 안에 〈브로크백 마운틴〉의 잭과 에니스가 나란히 있다. 비눗방울처럼 허망한 욕망의 끝, 그 떨림의 눈빛을 나는 오랫동안 놓치고 싶지 않았다. 예리한 바늘 끝에 찔린 듯, 섬광처럼 지나가는 그 짧은 순간의 고통이 왠지 싫지 않았다.

죽여주는 여자

  너무 일찍 들어왔을까. 상영관은 불이 꺼져 있다. 몇 군데 비상구를 알리는 등과 좌석을 가리키는 불빛에 의지해 예약된 자리를 찾아간다. 정적을 깰 용기가 없어 발걸음이 조심스러워진다. 준비해온 커피를 거치대에 올려놓고 의자 등받이 깊숙이 몸을 묻는다. 컴컴한 주변을 한 바퀴 둘러본 후 불 꺼진 화면을 바라본다. 소문만 듣고 예매한 영화. 책이 그렇듯, 영화도 개인의 취향이 분명한 장르여서 기대 반, 호기심 반이다. 그들은 내게 추천할 만한 영화라고 했을 뿐, 줄거리와 결말을 말해주려 하지 않았다. 나 또한 어떤 영화인지 미리 검색하지 않았다.

  얼마의 시간이 흘렀을까. 한 노인이 지팡이를 짚고 자신의 자리를 더듬거리며 찾는다. 그것이 입장의 신호라도 되는 양

한 사람씩 두 사람씩 사람들이 들어온다. 그들은 대부분 노인들이다. 젊은이의 부축을 받으며 느리게 걷는 이가 있는가 하면 나처럼 혼자인 사람들도 있다.

지금부터 볼 영화는 〈죽여주는 여자〉로 중견배우 윤여정이 주연을 맡았고 이재용 감독이 직접 각본을 썼다고 한다.

종로 파고다공원 일대에서 일명 '박카스 아줌마'로 불리는 소영(윤여정)은 노인들 사이에서 '죽여주게 잘하는 여자'로 입소문이 나 있다. 어느 날 자신의 단골 고객이었던 재우(전무송)를 만나고, 그와 친했던 송 노인과 재회하면서 진짜 '죽여주는 일'을 시작하게 된다.

넉넉한 연금을 받는 덕분인지 늘 깔끔한 양복을 입고 다녔던 송 노인은 소영에게 따뜻한 고객이었고 배려심이 많았다. 성공하여 외국에 살고 있는 그의 자식은 뇌졸중으로 쓰러진 아버지를 요양원에 맡기고는 1년에 한두 차례 다녀갈 뿐이다. 송 노인은 매 끼 식사는 물론 대소변조차 혼자서는 불가능하다. 자신의 의지대로 아무 것도 할 수 없어 모든 것을 간병인에게 맡긴 채 목숨만 연명하고 있다. "더 이상 이렇게 살기 싫다."며 눈물을 흘리는 송 노인의 '자신을 죽여달라'는 부탁을 소영은 뿌리치지 못한다. 그 일을 계기로 사는 게 괴롭고 힘든 노인들의 부탁이 이어지고 소영은 깊은 혼란에 빠지지만 차마 그들의 간절한 부탁을 거절하지는 못한다.

어느 날 소영은 재우로부터 데이트 신청을 받는다. 그는 근사한 레스토랑에서 소영에게 저녁을 대접하며 하룻밤 함께 있어주기를 부탁한다. 두 사람은 서울의 특급 호텔로 향하고 그곳에서 소영은 재우로부터 뜻밖의 제안을 받는다. 그는 마지막 가는 길에 자기 곁에 있어만 달라고 부탁한다. 재우는 준비해온 한 주먹의 약 중 그 한 알을 소영에게 건넨 후 나머지를 맥주와 함께 한입에 털어 넣는다. 다음날 아침, 정장차림으로 침대에 반듯하게 누워 영면에 든 재우를 남겨둔 채, 소영은 호텔을 빠져나와 조계사 대웅전 불전 앞에 선다. 재우가 그녀의 가방에 넣어둔 봉투에는 자신을 위해 '좋은 일'을 해준 소영에게 고맙다는 편지와 함께 그가 끼었던 반지와 거액의 현찰이 담겨 있다. 소영은 그 중 지폐 몇 장을 꺼내 주머니에 넣고는 나머지는 모두 불전함에 넣는다. 얼마 후 소영은 살인범으로 구속되고 교도소 안에서 무연고의 삶을 마감한다. 자신의 행위에 대해 충분히 변명할 수도 있었고 가족처럼 한 지붕에 살았던 이들에게라도 상황 설명이 가능했지만 소영은 침묵한 채 스스로 영어圄圉의 몸이 된다. 왜 그곳을 택해 생을 마감해야만 했을까. 그녀의 마지막이고도 유일한 선택이었을지 모른다.

    영화가 끝나고 자막이 흐른다. 상영관의 절반도 채우지 못한 관객들이 모두 빠져나갔지만 나는 움직일 수가 없다. 영화의 후반부에 한 트랜스젠더가 불렀던 노래 〈Quizas, Quizas, Quizas〉가 나의 온몸을 휘감고 돈다. 소영이 중얼거리듯 질정였던 말들이 가슴을 후빈다.

'나 같은 늙은 여자가 벌어먹고 살 수 있는 게 많은 줄 알아?'

한때 동두천 기지촌에서 미군을 상대로 성매매를 하며 돈을 모았던 소영은 동거했던 흑인 병사의 아이를 낳았지만 남자에게 버림을 받았고, 그 아이가 돌도 되기 전에 미국으로 입양 보냈다. 평생 참회하며 살아도 그녀의 가슴을 짓누르는 돌덩이는 끝내 내려놓을 수 없었다. 자신이 성매매를 하는 것은 '먹고 사는 일이니 부끄럽지 않다'고 말하던 소영의 표정에서 길바닥에 나뒹구는 낙엽 같다는 생각을 지울 수 없었다. 들판에 누워 몸은 남자에게 맡긴 채, 하늘을 향한 그녀의 맑고 무심한 눈빛은 쉽게 잊히지 않을 것 같다.

나는 이 영화를 노인들이 봐서는 안 되는 영화로, 또한 가을에 보지 말아야 할 영화로 구분 지었다. 왜 인생의 결말은 해피엔딩이 되지 못하는 것일까.

요즘은 이러저런 이유로 '1인 가구'가 늘어나고 있다. 노인의 경우 1인 가구는 독립된 가구라기보다 '독거노인'이나 '혼자 사는 노인'이라는 표현이 알맞다. '독거노인'이라는 말에는 외로움, 궁핍, 방기, 질병 등 이런 아픔이 묻어 나오게 마련이다.

노인의 고독은 핵가족화에서 비롯된다. 대화할 가족이 더 이상 곁에 없다. 텔레비전에서 나오는 목소리가 유일한 사람의 소리다. 부부가 함께 살다가 어느 한 편이 먼저 죽게 되면 남아 있는 사람의 스트레스는 극에 달한다고 한다. 어머니는 아버지가 돌아가시고 1년 남짓 하여 저 세상으로 따라가셨다.

눈에 띄지 않게 서서히 곡기를 물리신 것이다. '충분히 많이 살았노라'는 어머니의 말씀은, 그러니까 '아버지가 돌아가실 때까지'를 한정한 것이었다. 자신의 의지대로 생을 마감한 단호한 어머니. 어쩌면 그 결정은 당신보다도 우리를 더 배려한 것이 아니었을까. 우리 8남매를 위해 뙤약볕 갯벌에서 조개를 줍던 어머니의 모습이 오늘 따라 많이도 그립다.

영화는 노인의 성과 죽음을 다루었다. 생명의 마지막 불씨, 누구나 공감하나 함부로 입에 담을 수 없는 성에 관한 이야기, 그리고 인간의 죽음에 대해 숙고하게 만든다. 어둡고 고단한 인생을 따뜻하게 풀어낸 감독의 통찰력에 감동하면서도 한편으론 복잡 미묘한 감정으로 마음이 편치 않아진다. 1인 가구인 내 상황이 20년 뒤 이들과 다를 수 있을까. 아무도 찾아와 주지 않는 골방, 우두커니 앉아 창밖만 바라보는 노년의 내 모습이 언뜻 스친다. 필통과 나란히 앉은 약병이 창을 통해 들어오는 달빛을 끌어안는다.

창 너머로 멀리 등 높은 산이 보이고 나는 아마도 약병과 산을 번갈아 보게 되겠지. 내 삶의 끝자락은 어떤 모습일까. 시간 밖으로 달려가게 된다.

상영관에 가장 먼저 입장했던 나는 결국 가장 나중에 퇴장하여 안내원을 오랫동안 기다리게 하고야 말았다.

경주慶州

나는 민들레홀씨처럼 어느 날 경주 땅에 떨어졌다. 아는 사람도 없고 연고도 없는 곳이었다. 가방에는 몇 가지의 옷과 세면도구가 들어 있을 뿐. 택시를 타고 무작정 보문단지로 가자고 했다. 차가 출발하자 피로와 함께 며칠째 설친 잠이 일시에 몰려왔다.

H호텔에서 사흘을 묵었다. 커튼을 닫고 꼬박 이틀을 내리 잠만 잤다. 물 마시러 일어났다가 무심코 객실 커튼을 열었을 때, 구름 같은 벚꽃이 한창이었다. 아무렇게나 풀어헤친 머리를 질끈 묶고 밖으로 나가 보문호를 따라 천천히 걸었다. 바람이 불었다. 벤치에 앉아 나와 상관없는 사람들의 웃음소리를 들었다. 행복해보였다. 그들을 따라해보지만 어색한 꼴이 되고 말았다.

다음날 경주역으로 갔다. 그곳에서 자전거를 빌려 타고 불국사에 가볼 참이었다. 그런데 무엇엔가 끌려 보리사 쪽으로 꺾어 들어갔다. 고즈넉한 저녁 풍경이 아름다웠던 동네, 그곳에 나는 터를 잡았다. 대문을 들어서면 오른쪽으로 큰 감나무가 서 있고, 왼쪽에는 허름한 외양간이 있었다. 작은 마당을 통해야 마루에 닿을 수 있는데, 그 집은 방이 두 개이고 주방은 재래식이었다.

나는 그 집이 마음에 들었다. 부엌과 연결된 안방에는 앙증맞은 다락이 있었다. 다락에 떡을 사다놓기도 하고 과일을 넣어두기도 했다. 주로 안방과 연결된 작은방에서 잠을 자거나 책을 보거나 일기를 썼다. 일부러 고른 집이 아니었는데도 나는 그 집에서 삶의 기운을 받았다. 그 집에 있으면 모든 것이 정지된 듯 고요했다. 전화기도 없고 텔레비전도 라디오도 없었다. 어떤 날은 자다가 내 숨소리에 놀랄 때도 있었다.

하릴없는 나는 주인 없는 강아지처럼 자전거로 경주 시내를 돌아다녔다. 다행히 돌아올 곳이 있었다. 얼굴이 벌게지도록 자전거를 타다 돌아오면 다리도 풀리고 몸도 녹아내렸다. 스르르 초저녁잠에 빠진 어느 날, 천둥 치는 소리에 화들짝 잠에서 깼다. 밖은 비가 내리고 있었다. 문을 열었다. 빗물이 방안으로 들이쳤다. 젖은 마당에 감이 하나둘 떨어지고 있었다. 다음날은 쾌청했다. 등 뒤로 기분 좋은 햇살을 받으며 페달을 밟았다. 석굴암 쪽으로 향했다. 잠시 걸음을 멈추고 마른 목을 축였다. 상쾌한 바람, 눈 아래 펼쳐진 웅장한 자연 앞에 사람은 얼마나 왜소한 존재인가. 그때 골방에서 울던 어릴 적 내 모습이 떠올랐다.

대학 입시가 끝나고 하루 사이에 불어닥친 집안의 불행은 나를 절망케 했다. 출산한 지 얼마 안 된 둘째올케가 경운기 사고로 한 쪽 다리를 절게 되었다. 여동생을 만나고 돌아가는 사돈을 막내오빠가 오토바이로 모셔다 드리겠다고 함께 타고 가다가 한겨울 모래 적설장을 들이받았다. 사돈은 수차례 성형수술로 전혀 다른 얼굴이 되었고, 막내오빠는 두 번의 뇌수술로 생사를 오갔다. 큰오빠와 둘째오빠는 많은 땅을 헐값에 내놓아야 했다.

그 후 서울에서 셋째언니가 상의도 없이 간호학원에 접수를 해놓고 나를 불렀다. 강동구의 어느 병원 응급실에서 일하던 나는 결핵에 감염되었다. 약물치료와 왼쪽 쇄골 임파선 수술로 20대 대부분을 병원을 오가며 보냈다. 하는 일도 없이 엄마한테 용돈을 얻어 썼다. 서른다섯 살쯤 되었을 때, 동생은 내게 가시 돋친 말을 던졌다. 언제까지 엄마 등골을 빼먹을 거냐고, 나 때문에 그동안 자신이 포기한 일들이 얼마나 많았는지 알고는 있느냐며 울먹였다. 온몸이 굳어져 나는 어떤 말도 할 수 없었다. 혼자서는 아무것도 할 수 없는 내가 벌레로 보였다. 병病 뒤에 숨은 내 자신이 너무도 비겁했다. 휴지처럼 구겨서 아무데고 나를 버리고 싶었다.

어떻게 살아야 할까? 산다는 것은 무엇인가? 나는 무엇이 되어야만 하는가? 백지처럼 머릿속이 온통 하얘졌다. 임어당(1895~1976)은 목적이나 의미가 인생에서 반드시 존재해야 하는 것은 아니라고 말했다. 큰딸이 결혼에 실패해 집으로 돌아와 자살을 했을 때도 "이 세상 인간에게 주어진 목숨은 오직 하나뿐, 그렇기 때문에 온갖 방법으로 그것을 누려야한다."고 말하지 않았던가.

나는 목숨을 생각했다. 삶은 의지가 없어도 호흡을 가능케 한다. '살아 있는 것만으로도 족하지 않은가'라던 어느 시인의 음성이 환청처럼 들려왔다.

보리사 스님이 가끔 마을로 내려와 나를 찾았다. 속세 나이로 본다면 나보다 많아야 열 살쯤 들어보이는 스님은 목소리만 아니라면 남성으로 착각할 상이었다. 그분은 내게 장기를 두자고 했다. 한치 앞도 내다보지 못하는 나는 매번 장기에서 졌다. 지는 장기였지만 재미났다. 장기판에서 스님의 길을 읽어갈 때는 진지해졌다. 그분은 내게 힘들 때는 무작정 도망치려하지 말고 그것 안에서 견디는 연습을 해보라고 권했다. 사는 것이 알고 보면 특별할 것도 없다면서 그냥 재미나게 살라고 했다. 나에 대한 모든 답은 내가 가지고 있다면서 당신 손바닥을 내 손등에 올리고 꾸욱 눌렀다. 그곳에서 나는 가을이 다 가기 전에 짐을 쌌다. 스님과는 어떻게 작별인사를 나누었는지 기억나지 않는다. 우리는 더 이상 만나지 못했다.

나는 아직 경주를 쉽게 말하지 못하고 살아왔다. 애써 기억하려고도 하지 않았다. 돌아보면 내 안의 어떤 가슴의 공동空洞처럼 블랭크 같은 시간이었다. 그곳에서 내가 한 일은 아무것도 없었다. 책을 읽었지만 기억에 없고, 그곳 사람들과 사귀었지만 떠나오면서 그만이었다. 자전거로 달렸던 거리도 이젠 가물거린다. 경주에서의 나는, 그야말로 빈 칸으로서의 존재였다.

15년이 더 지났다. 기억에 선명한 건 스님과 툇마루에 앉아 장기 두는 장면만 아득히 떠오를 뿐이다.

어떤 풍경

 자동차전용도로가 나면서 복희 씨네 농장 일부가 수용되었다. 천여 평의 꽃농장은 절반 정도가 잘려나갔고 팔린 땅 한쪽에 예순 가량 되어 보이는 아저씨 한 분이 이사 왔다. 공터에 컨테이너 박스 하나가 덩그마니 놓이는가 싶더니 아저씨는 그곳에서 고장 난 자동차를 고치며 생활했다. 그도 얼마 안 가 터는 경매에 넘어 갔다. 무슨 사연인지는 모르겠으나 아저씨는 땅을 사면서 사기를 당했다고 했다.

 며칠 기계 소리로 농장 주변이 시끄러웠다. 열린 비닐하우스 안으로 매연이 가득 찰 때도 있었다. 복희 씨는 속만 태울 뿐 쫓아나가 따지지도 못했다. 아저씨도 어디 갔는지 보이지 않았다. 새로운 땅 주인은 덤프트럭으로 흙을 싣고 와 종일 땅을 메웠다. 아저씨네 컨테이너박스가 위태로워보였다.

나는 복희 씨네 꽃농장에서 두 달째 일하는 중이다. 매장을 정리하고 마땅한 일이 없는 내게 복희 씨는 바쁠 때마다 농장 일을 맡긴다. 워낙에 꽃과 흙을 좋아하기에 흔쾌히 응했다. 종일 나 혼자 하는 일도 아니고, 내가 좋아하는 복희 씨와 같이하는 일이어서 즐겁다. 복희 씨는 나의 둘째언니이다.

복희 씨와 출근하면 농장 문을 활짝 열어놓고 커피 주전자에 물 올리는 것으로 하루를 연다. 커피를 기다리며 나는 맞은편 컨테이너박스를 내다본다. 아저씨네 컨테이너박스가 반쯤 열린 측창으로 비끼듯 서 있다. 사람이 사는 것 같지 않은 집. 흙더미 끄트머리에서 외딴섬처럼 보였다.

사업에 실패한 아저씨가 마지막 희망을 걸고 이곳으로 와 정착했다. 벌써 3년, 물도 전기도 쓸 수 없는 곳에 달랑 컨테이너박스 하나 가지고 온 아저씨는 한동안 복희 씨 부부의 도움을 받았다. 그런데 한번 말을 꺼내면 좀처럼 끝나질 않는다고 했다. 시도 때도 없이 농장을 흘끗거리는 것도 거슬렸고 남편이 없을 때 찾아오면 신경이 쓰여 일은 곧잘 중단되곤 했다. 듣기 좋은 말도 한두 번이지 누군가의 실패담은 은근슬쩍 자신에게 옮겨 붙는 도깨비 풀 같아서 듣기에도 거북했다. 그 뒤로 아저씨를 만나면 되도록 인사만 하고 슬쩍 농장 안으로 들어와 바쁜 척 일을 해야 했다.

물이 끓는다. 종이 컵 두 개를 꺼내 믹스커피를 뜯어 넣고 끓는 물을 붓는다. 아침 8시가 되려면 아직 시간이 남았다. 복희 씨와 나는 나무의자에 나란히 앉아 뜨거운 커피를 마신다. 자매간의 이런 시간이 소중하다. 일부러 만들 수 없는 시간이기에 더욱 그런지도 모르겠다. 의지할 형제가 있다는 것이 얼마나 다행한 일인가. 나는 그때 "아저씨에게는 형제가 없는 걸까? 가족은?" 하고 물으려다 그만두었다.

우리는 커피를 다 마실 때까지 측창을 통해 멀리 마을을 감상하곤 한다. 띄엄띄엄 보이는 집마다 지붕에 햇살이 내려앉았다. 완연한 봄이라지만 농장은 도로가 나면서 그늘이 져 한낮이 아니고는 온전한 볕이 들어오지 않는다. 복희 씨가 빈 종이컵을 구겨 쓰레기통에 넣으며 라디오 주파수를 맞출 때, 아저씨는 컨테이너 박스에서 나와 조루를 들고 어딘가로 향한다. 아저씨 입에서 연신 입김이 새어나왔다. 작업용 잠바에 솜바지를 입은 아저씨 모습은 아직까지 한겨울이었다.

"저 아저씨, 조루 들고 어디 가는 거지?"

나는 커피가 남아 있는 종이컵을 감싸 쥐며 복희 씨를 불렀다.

"꽃을 심었더라구."

새로운 주인이 몇 대의 덤프트럭을 몰고 와 땅을 돋을 때 우리는 아저씨가 걱정되었다. 세상 끝으로 와 간신히 터를 잡은 아저씨가 이제 어디로 가게 될지 궁금하고 또 불안했다. 그나저나 아저씨한테는 정말 가족이 없는 걸까. 아니면 가족한테 폐가 될까 집을 떠나온 걸까. 별별 생각이 머리를 어지럽

했다.

 세상과의 문을 걸어 잠그고 혼자만의 세계에 갇혀본 사람들은 안다. 문득문득 아침이 두렵게 다가오기도 한다는 것을. 누구와도 눈맞춤하기가 불편하다는 것을. 그러면서도 더디게 가는 시간이 불안하고 바쁘게 움직이는 하루하루가 숨 막히게 답답하다는 것을. 무엇을 해도 앞이 보이지 않을 때 그들은 차라리 깊고 긴 잠을 기다리기도 한다는 것을.

 가끔 나 혼자 황량한 벌판에 맨몸으로 서 있는 꿈을 꾸곤 한다. 지옥과도 같은 시간, 벗어나려하면 할수록 고통은 배가 되었다. 한 뼘의 자유조차 용납하지 않는 좁은 공간에서의 상황이 두렵고 무서웠다. 죽음이 그 고통의 끝이라면 차라리 그것을 택하는 것이 나을 거라고 생각했다. 목소리도 손짓발짓도 모두 묶여버린 나는 그대로 그 자리에 못박여 말라가고 있었다. 어렵게 꿈에서 깨어나면 온몸은 땀으로 축축했다. 어느 쪽이 현실인지 인지하지 못한 채 광인狂人처럼 앉아 있던 때도 있었다.

 내가 사랑하는 복희 씨, 나는 가만히 손을 뻗어 언니의 거친 손을 꼭 잡았다. 힘들 때 손을 뻗으면 늘 누군가가 있다는 것이 새삼 고마웠다. 혈육이 존재한다는 것만으로 든든한 시간들, 나는 그 시간을 걷고 있는 것이다. 아저씨도 지금 그런 울타리가 필요할지도 모른다.

 복희 씨네도 나도 넉넉한 살림이 아니어서 마땅한 도움을 줄 형편은 못되지만 아저씨를 보기가 안쓰러웠다. 아저씨의 사정을 알아야 할 이유도 없고 도움도 못주면서 남의 사정을 알아 뭣할까마는 그래도 사람인지라 마음이 가는 것은 어쩔 수 없는 일이었다.

  새로운 주인이 출현하고부터는 농장 주변이 조용한 날이 드물었다. 공사를 하면서 인부들이 버린 쓰레기가 바람에 이리저리 나뒹굴었다. 사내들의 거친 말과 담배연기, 매연냄새가 가뜩이나 된 일로 지친 몸을 더욱 피곤하게 만들었다. 사람 사는 곳에 사람이 들어오고, 그 사람이 자기 필요한 대로 일을 꾸미는데 먼저 터 잡았다는 이유로 텃세를 부린다는 것도 웃기는 일이었다. 조금 불편하다 생각하는 수밖에 다른 도리가 없었다.

  퇴근길 아저씨네 컨테이너박스를 지날 때, 그는 쭈그리고 앉아 무언가에 열중이었다. 플라스틱 화분을 놓고 거기에 꽃을 심는 중이었다. 복희 씨네 농장에서 며칠 전 얻어간 프리지어였다. '새 출발'이란 꽃말을 가진 프리지어에 이미 꽃대가 올라와 있었다.

  며칠이 지났을까. 언제 옮겨놨는지 고가도로 아래 아저씨 컨테이너박스가 새롭게 자리를 잡았다. 아저씨는 프리지어가 있는 화분 앞 의자에 앉아 있었다. 석양에 물들고 있는 중이었다.

지중해의 여름

 푸른 물감을 맘껏 풀어놓은 듯한 지중해 해변에 나는 지금 앉아 있다. 이글거리는 아스팔트를 따라 호텔에서부터 십여 분쯤 걸어 나왔다. 멀리 타우루스산맥이 건너다보이고 바람은 그곳으로부터 줄기차게 불어온다. 망연히 서서 산 정상에 쌓인 만년설을 바라본다. 그동안 내가 맞이하고 싶었던 여름과의 거리는 눈 덮인 산과 안탈리아 해변의 사이만큼이나 멀었으리라. 이런 나의 생각에 동의라도 한다는 듯 바다는 주름진 얼굴로 끊임없이 내게로 달려온다.

 이곳에 다시 오기까지 나는 몇 년을 망설였던가. 오고 싶은 마음만큼 간절히 떨어져 있던 곳이었다. 첫 방문은 10년 전, 겨울이었다. 그땐 성난 파도 위로 거대한 줄기를 뻗은 눈 덮인 타우루스산맥만 눈에 들어왔었다. 그 겨울에 글과 사진으로만 보았던 풍요의 여름, 지중해를 꿈꿨던 나는 그리도 원했던 안탈리아 해변에 앉아 혼자만의 여름축제를 열고 있는 중이다.

거침없는 햇살이 빽빽하게 내리꽂혀 눈을 멀게 하는 곳, 비행기트랩을 내려서면서부터 설렘으로 가득했던 곳. 나는 지금 해변으로 가 앉는다. 바다로 오는 길에 스쳤던 후텁지근한 바람이 이곳까지 따라와 갈증을 부추긴다. 호텔에서 챙겨온 맥주 한 캔과 몇 개의 과일을 백패에서 꺼낸다. 부풀어 오른 맥주거품을 시원하게 들이켠다.

오후로 건너온 햇살은 더욱 뜨겁게 나의 등을 데운다. 간간이 불어오는 바람이 바다의 살결을 폭 좁게 혹은 넓게 아코디언 연주하듯 어르며 자유자재로 불어댄다. 내 곁을 스치며 몸을 간질이기도 한다. 몇 모금의 맥주를 넘긴 나는 고운 모래를 손바닥 안에 쓸어 담아서 흘려본다. 삽시간에 스르르 빠져나가는 모래알을 나는 한 순간도 놓치지 않고 주목한다. 그 모습이 마치 영원으로 가는 시간과도 같다. 가는 모래는 운동화 속에도 스며든다. 신발을 벗고 양말을 끌어내린다. 그 순간 내 주변의 풀들이 소스라치게 놀라고 파도는 포효하듯 소리친다.

신화가 꿈틀대는 타우루스산맥을 다시 건너다본다. 햇빛이 되비치는 해변에 앉아 나는 몇 천 년 전의 올림푸스 산에서 들려오는 이야기에 귀를 연다. 하마 알제에서의 카뮈도 그랬을까. 〈결혼, 여름〉에서 알제의 궁핍함이 카뮈로 하여금 그곳을 사랑하지 않을 수 없게 하였다곤 하지만 압도적인 지중해의 풍요야말로 그에게는 필연적인 것이었다. 하지만 무엇보다도 그가 알제를 사랑할 수밖에 없었던 건 태양 때문인지도 모른다. 그는 태생적으로 한곳에 오랫동안 머물기를 꺼려했다. 익숙해지는 것이 두려웠던 때문일까. 아무튼 다시 찾고 싶은 이유 하나쯤 남겨두는 건 혼자만의 시간을 즐기는 사람들의 공통적 소망인 듯하다.

자리를 털고 일어난다. 바람과 팔짱을 끼고 해변을 걷고 싶어서이다. 가방을 메고 한 손에는 마시다 만 맥주를, 겨드랑이엔 신발을 감춘다. 많은 사람들이 비키니 차림으로 모래사장에 엎드려 내래쬐는 태양을 맘껏 덧입고 있다. 우리나라에서는 흔히 볼 수 없는 풍경이지만 웬일인지 금세 익숙해진다. 그들 옆으로 자잘한 파도가 들고나는 길을 따라 나는 천천히 발길을 옮긴다.

안탈리아 해변은 잔돌이 어여쁘다. 색색의 무늬가 박힌 납작하고도 뭉뚝한 돌들이 마음을 끌어당긴다. 타우루스산맥으로부터 얼마나 오랜 시간 굴러왔을까. 어쩌면 어느 여신들의 장신구가 풀어져 바닷물에 씻기고 파도에 닳아 이리도 고운 빛깔을 낸 것인지도 모른다. 나는 신발을 구겨 가방에 넣고 돌을 줍기 시작한다. 주머니가 금세 불룩해진다.

넉넉한 햇빛과 마법의 바람, 신화 속의 보석과도 같은 돌이 있는 지중해의 여름바다와 마주하기 전에 나는 얼마나 많은 주저를 끌어안고 있어야만 했던가. 생업을 뒤로 하고 무턱대고 떠날 수 있는 용기는 애초에 없었다. 다만 그곳에서 생의 에너지를 얻고 싶은 간절한 바람이 거기로 갈 수 있다는 희망을 부추겼다.

'가보지 못한 미래에 대한 열망은 삶에 대한 배신행위'라고 카뮈가 말했던가. 그의 한마디가 내 마음에 불을 지폈는지도 모른다. 지중해 바다에 앉아 삶의 무늬를 쓰다듬으며 그동안의 삶을 확인해보는 것도 좋은 방법이라고 생각했기에 기꺼이 보따리를 꾸릴 수 있었다. 이번 여행은 몇 년 전 지중해의 그곳은 아니었지만 처음 갔던 그곳을 눈에 아른거리게 했다.

남은 맥주를 한꺼번에 목뒤로 넘긴다. 알싸하고도 시원한 맛이 온몸 구석구석을 파고든다. 내게 여름은 늘 뜬구름과도 같아서 어쩐 일인지 한 번도 열정을 쏟은 기억이 없었다. 주어진 현실에 만족하려 애썼을 뿐, 혹독한 겨울 한가운데에 멈춘 채로 여름과의 거리를 좁히기 위한 어떠한 노력도, 삶에 대한 배신행위를 벗어나기 위한 어떤 모험도 그동안 나는 하지 않았다. 어쩌면 나는 작디작은 변화조차 두려워하면서 안일한 현실에서 벗어나려 하지 않았던 것인지도 모르겠다. 하지만 이번엔 굳은 결심으로 길을 나섰고 지금의 나는 지중해의 여름과 하나가 된 듯하다. 가끔 몸과 마음이 절정에 이를 수 있도록 뜨거워지는 일도 나쁘지만은 않으리라. 한 번도 일탈을 해보지 않은 사람일수록 그 일은 필연적 경험이 되고 말 테니까.

알싸한 취기에 젖어 나는 강렬한 태양 아래 천천히 몸을 눕

힌다. 타우루스산맥은 만년설의 흰 띠로 내 옆에 와 나란히 눕는다.
 이 고요, 시간은 내게 더 이상 존재하지 않았다.

화분

 분갈이의 기본은 화초의 물색대로 분을 골라 식물의 습성에 맞게 흙을 선택해 심는 일이다. 더러는 눈짐작이 맞지 않아 기껏 심어 놓은 화초를 다시 좀 더 큰 화분으로 옮겨심기도 하지만, 대체로 화분과 잘 어울리게 심는 편이다. 하기는 이 일을 한 지도 어언 10년이 넘었으니 크게 잘못될 일도 없다.
 봄이 되자 겨우내 엄살을 부리던 '불로초'가 힘차게 기지개를 켠다. 아무래도 녀석의 성장 속도로 보아 머지않아 화분이 옹색해질 터이다. 하얀색의 키가 크고 날씬한 사각 화분과 자줏빛 둥근 도자기분에 나누어 심기로 한다. 당장은 화초가 화분에 비해 왜소해 보일 테지만 성장속도가 빠른 녀석에게 곧 알맞은 보금자리가 될 것이다.
 화초를 화분에 담아보면 그때서야 안다. 어림짐작으로 보아 그 그릇에 맞을 듯하나 막상 담아보면 터무니없이 작거나 큰 경우를 더러 봐왔다. 눈짐작만으로 가능한 일이 아니라는 것이다.

분갈이를 하면서 내 그릇의 크기는 얼마만하며 모양새는 어떨까 하고 생각해 본다. 성격이 소심하여 남 앞에 당당히 나서지 못하고 불의를 보면 참견도 못하면서 분노한다. 인내심도 부족하다. 또한 끈기도 없다. 그러니 내 그릇은 너무 작으며 모양도 보잘것 없다. 그런데 혹자는 나를 그릇이 큰 사람으로 보기도 한다.

여러 사람이 모여 대화를 할 때, 말을 잘 안 하는 나를 두고 속이 깊고 진중해서 그런 것이라 하는 이도 있다. 사실은 아는 것이 많지 않아 그들의 대화에 끼어들 수가 없어서인데, 그들이 보기엔 말을 아끼고 행동을 조심하는 것으로 보이나 보다.

사람의 성격이나 됨됨이도 언젠가는 드러나도록 되어 있다. 어쩌다 보는 이들이야 처음 본 느낌대로 받아들이겠지만, 오랫동안 나를 지켜본 이들은 내 성품과 그릇의 크기를 이미 알고 있을 것이다.

나는 내 그릇이 깊고 넓었으면 좋겠다. 웬만한 일로는 흥분하지 않고, 상대를 배려하며, 자신을 낮출 줄 아는 마음으로 가득 찬 그릇이라면 더욱 좋겠다. 나이로 보면 그럴 만도 하건만 아직 나는 나잇값을 못하고 있다.

자신의 그릇을 키워가는 일이 쉽지만은 않을 것이다. 그래도 매사 생각에 생각을 거듭하고, 좋은 책, 좋은 음악으로 습관을 들이다보면 한결 나아지지 않을까 싶다.

요즘 나는 틈나는 대로 고전음악을 듣는다. 집에서도 화원에서도, 또는 운전을 하면서도 일부러 클래식을 들으려고 한다. 나를 오랜만에 보는 친구는 고리타분하게 그런 곡 듣지 말고 신나는 팝이나 대중가요를 들으라고 권한다. 다른 한 친구는 내 이미지와 안 어울리니 맞게 놀라고 노골적으로 면박을 주기도 한다. 처음엔 나 자신도 낯설고 어색했던 건 사실이지만 자꾸 듣다보니 이제는 꽤 들을 만해졌다. 어차피 훈련을 하는 것이니 싫증이 나도 계속 해보자고 스스로 다독인다.

독서도 전보다 많이 하려고 한다. 예전에는 잡독을 했지만, 요즘은 되도록 좋은 글을 골라 읽는 습관을 기르는 중이다. 수필을 공부하는 중이니 좋은 수필을 의식적으로 찾아서 본다. 유명한 수필가가 쓴 글부터 소문난 문장가의 글을 골라 읽는다. 삶도 살찌우고 싶고 나 역시도 그런 글을 쓰고 싶기 때문이다.

명상을 해보기도 한다. 나는 남에게 어떤 사람이며 나 자신은 누구인가에 대해서도 깊게 궁리를 해본다. 남의 말을 귀담아 들어 좌표로 삼기도 하고 주위를 돌아보며 내 인생에 이정표가 될 만한 이들을 찾는다.

과연 나는 맘에 드는 화초를 골라 심을 만한 넉넉한 그릇이 될 수 있을 것인가.

내 그릇의 크기가 작다한들 금방 큰 것으로 바꾸기는 어렵다. 화초가 자라는 걸 보면서 그릇을 키워갈 밖에. 화초를 심으면서 생각을 다듬는다.

각설탕

 찻집 테이블 위에 각설탕이 놓여있다. 멋대로 부숴놓은 갈색과 흰색의 돌멩이 같은 각설탕이 타원형 그릇에 반반씩 담겨 있다. 정형의 틀을 벗어난 제멋대로의 모습이 나의 심상을 건드린다. 갈색 덩어리 하나를 집게로 집어 손바닥 위에 올려놓았다. 입에 넣어 보고 싶었다. 주위를 살피다가 얼른 입안에 쏙 넣어버렸다. 달콤한 덩어리가 혀 위에 살포시 올라앉았다. 입을 오므리니 거친 감촉이 혀와 입천장을 자극했다. 혀로 굴려보았다. 금방이라도 사르르 녹아버릴 것 같아 다시 입천장과 혀 사이에 공간을 주었다.
 침이 고였다. 꼴깍, 침을 삼켰다. 달콤했다. 갑자기 와작 깨물고 싶어졌다. 그럴 수는 없었다. 살살 굴려 녹일 것이었다. 가능한 한 오래, 투박한 그 모양을 즐기며 거친 모서리를 둥글

게 만들어볼 참이었다. 이리저리 살살 굴렸다. 설탕의 단물이 며칠간 쌓였던 피로를 몰아내주는 것만 같았다.

나는 의자 등받이에 몸을 깊숙이 밀어 넣었다. 달콤한 맛을 오래 느끼면서 녹이고 싶었다. 그런데 어느 순간 덩어리가 와르르 무너졌다. 깨물 수도 녹일 수도 없는 애매한 순간, 황당했다. 달콤한 덩어리의 수명이 이리도 짧을 줄이야.

우리 두 사람 앞날에 그 무엇도 장애가 되지 않을 거라 생각했던 때가 있었다. 매일 봐도 그가 궁금했고 헤어지면 바로 그리웠다. 밤새 통화해도 끊는 순간 다시 그의 목소리가 듣고 싶어졌다. 어떤 일도 그와의 만남을 대신할 수 없었다. 그의 손길은 단잠을 불러들였다. 밤을 새워 작업을 해도 그를 만날 생각을 하면 피곤이 물러났다.

그랬던 우린 어찌 되었나. 단단했던 때가 있었나 싶게 부서졌고, 달콤했던 날이 언제였나 싶게 떨떠름해졌다. 애초에 아무 일도 없었던 것처럼 지금은 서로의 일에 열중하고 있다.

달콤함은 일순간이었다. 그런 줄 모르고 빠져들고 알고도 다가서는 것이 사랑인가? 녹은 후의 허망함을 알면서도 또 다시 하나의 각설탕을 집어 드는 어리석음과도 같은.

비 오는 날의 칸타타

 그때까지 나는 심한 강박증에 묶여 있었다. 잘 다려진 손수건은 늘 교복 주머니 안에 네모진 그대로 들어있어야 했고 양말은 발목 위로 접혀 감색 운동화 밑단과 같이 하얀색으로 깔끔해야했다. 검정색 교복 상의는 하얀 칼라가 달려 있었는데 그것도 하루에 한 번은 떼 내어 빨았다. 마지막 헹굼에서 잉크 한 방울로 푸른빛을 낸 칼라는 다리미로 반듯하게 다려 다시 교복에 붙어 있어야 했다.

 이는 나보다 세 살 위 언니인 '두_斗'의 압력이 무서워서 날마다 자진해 체크하는 항목이었다. 나는 이것 말고도 두의 눈치를 보면서 덜덜 떨 때가 많았다. 집에서도 학교에서도 두와 마주치면 심장이 쪼그라드는 것 같이 무서웠다. 두가 졸업을 하고 나는 중학교 2학년이 되었다.

두가 없는데도 습관은 무서웠다. 버스를 놓치면 비포장 길을 걸어가야 했는데 나는 운동화가 더러워질까 걸음걸이도 이상하게 걸었다. 콩나물시루 같은 버스에서도 누군가의 발에 밟히지 않으려고 까치발을 하곤 했다. 귀밑 3센티 머리길이는 거울을 보면서 짐작했다. 드디어 자유가 주어졌는데도 여전히 두는 내 옆에서 눈을 부라리며 참견하는 것만 같았다. 이상했다. 다른 형제들과 달리 유난히 내게 신경질적이고 공격적이었다.

나는 몹시 예민한 아이였다. 태어날 때도 다른 아이와 달랐고 툭하면 열이 올라 경기驚氣를 일으켰다. 엄마는 나를 두고 밖에 나갈 때마다 "아기 울리지 말거라." 하고 언니들에게 당부하곤 하셨다. 자신보다 내가 더 보호를 받는다고 느꼈던 때문일까. 새침하고 잘 웃지도 않으니 그냥 미웠던 걸까. 두의 눈에는 내가 늘 미운 가시였다.

가끔 동생도 그랬지만 두도 나에게 다리 밑에서 데려온 아이라고 눈총을 줬다. 하지만 중학생이 되면서부터는 그런 말 따위 믿지 않았다. 누군가 같은 학년인 외사촌 동생 원이와 내가 이란성쌍둥이가 아니냐고 농담같이 말하기 전까지는 그랬다. 그 말을 듣고 원이도 나도 한동안 우리의 아버지가 누구인지 헷갈렸다. 둘 중 하나는 다른 집 아이일 거라고 생각하며 혼돈의 시간을 보냈다. 몇 번씩 알밤 맞으며 혼나고 나서야 우리가 외사촌 사이이고 원이가 나보다 한 살 아래라는 걸 믿

비 오는 날의 칸타타

게 되었다. 여하튼 내가 혼돈의 시간을 보내고 원이까지 흔들었던 건 모두 두의 심술이 컸던 때문이다. 툭하면 구박하고 윽박지르던 두가 우리 형제 중 너만 다른 데서 데려왔다고 쏘아대니, 남들이 농담처럼 해본 말에 정신 줄을 놓은 것이다.

두는 고등학교를 다른 곳으로 갔다. 그런데도 나는 두에게 휘말린 강박증에서 여전히 벗어나지 못했다.

어느 비오는 토요일이었다. 종례가 늦게 끝나 집에 가는 버스를 놓치고 말았다. 다음 차를 타려면 한 시간은 더 기다려야 했다. 비는 점점 굵어지는데, 다른 친구들은 걸어서 가겠다고 했다. 모두들 우산을 받치고 집 방향으로 걸었다. 한 발 두 발, 걸음을 옮길 때마다 나의 신경은 온통 운동화에 꽂혔다. 비바람까지 세차졌다. 조심하면 할수록 빗물은 얼굴을 때렸고 흙탕물이 양말을 물들였다. 질퍽한 땅을 밟을 때마다 운동화에는 흙이 사정없이 묻었다. 그러다가 발을 헛디뎌 작은 웅덩이에 한쪽 발이 빠지고 말았다. 갑자기 숨이 조여 왔다. 비바람에 휘청대며 그 자리에서 한 발짝도 움직이지 못했다. 앞서 가던 친구들이 손짓했지만 그 모습이 흐려보였다. 빗물이 얼굴을 때린 때문인지 내가 울었던 건지는 잘 모르겠다. 다만 엉망이 돼버린 운동화가 나를 올려다보는 꼴이 몹시도 서러웠다.

어떤 용기였을까. 나는 바로 우산을 접었다. 집에 도착하려면 아직 한참은 멀었는데 그 비를 다 맞을 참이었다. 지나가는 사람들이 바람에 우산이 날릴까 조심하면서도 나를 보고 한마디씩 했다. 친구들도 왜 그러냐고 내게 물어왔다. 나는 고개 숙인 채 비 내리는 길을 그냥 터벅거리며 걸어갔다. 그런데 정말 이상했다. 시간이 지나면서 기분이 조금씩 좋아지고 있었다. 옷이 다 젖었고 신발은 질컥댔다. 이마에서 흐르는 빗물로 눈이 따가운데도 그것을 쓸어내며 나는 웃고 있었다. 교복과 운동화가 엉망이 될수록 내 기분은 점점 좋아졌다.

앞서가던 친구들도 하나둘 우산을 접었다. 곧이어 여기저기서 까르르 웃음소리가 들렸다. 남학생들이 뛰어가면서 일부러 여학생에게 흙탕물을 튕겼다. 여학생들은 그것을 뒤집어쓰고도 화를 내지 않았다. 오히려 재미있어했다. 나도 어느새 그들과 함께 있었다. 비는 계속 내렸다. 세찬 빗줄기 속에서 교복을 입은 아이들이 엉거주춤, 개구리 뛰듯 이리저리 날뛰며 웃어댔다. 칸타타, 칸타타, 나는 몹시 흥겨웠다.

그날 이후 내가 조금 달라졌다. 강박증이 완전히 사라지진 않았지만 누군가 옆에서 지켜본다는 느낌은 점점 멀어졌다. 무엇보다도, 무얼 해도 내가 알아서 한다는 것이 중요했다. 더러워지면 씻고 지저분하면 빨아야 한다는 개념을 제대로 인식했다. '무조건'이 사라진 세상이 그토록 자유로울 줄 몰랐다.

두뇌는 여전히 내겐 벗어나기 힘든 숙제이다. 그렇지만 그때와 달리 나는 두를 피하는 방법을 알고 있다. 얼마쯤 다가오면 얼마만큼 달아나고, 어디서 보일라 싶으면 눈치 못 채게 사라져버릴 수 있다는 것. 비 내리던 그날처럼 칸타타, 칸타타, 나는 많은 것들이 자유로워졌다. 두가 갑자기 나타나도 놀라지 않을 만큼.

3부

아버지의 왼손
엄마의 금비녀
첫눈
개망초꽃
언니의 방
봉숭아 꽃물
산수유 꽃 필 때면
그대에게 바치다
술을 마시고 싶다
행복한 유전

아버지의 왼손

 염을 자신 아버지는 낯선 옷을 입고 편안히 누워 계셨다. 엄마는 큰오빠의 부축을 받으며 아버지를 내려다보았다. 금방이라도 눈을 뜨고 말을 걸어 올 것 같은 아버지의 얼굴을 가만히 쓰다듬으며 살가죽만 잡히는 뺨이 안쓰러운지 한참 동안 눈을 떼지 못했다. 나는 아버지의 왼손을 내려다보았다. 잘린 손가락이 시리다며 삼십여 년 동안 겨우내 장갑을 끼시던 모습이 떠올랐다. 갑자기 다리에 힘이 빠지며 바닥에 철퍼덕 주저앉았다.

 초등학교 5학년 때였다. 아버지는 밖에서 무슨 좋은 일이 있었는지 석양을 등에 지고 홍조 띤 얼굴로 비틀거리며 대문을 들어서셨다. 그리고는 '용아, 여물 썰자.' 하고 나를 부르셨다. 아버지와 나는 여물 썰기의 훌륭한 짝이었다. 여물 썰기에 이력이 난 나는 아버지의 손놀림만으로도 한 템포 쉬어가야 할 곳과 힘을 주어 작두를 눌러야 할 때를 알아서 척척 박자를 맞추었다. 작두에 풀을 먹이면서 아버지는 연신 콧노래를 불렀다. 나도 따라서 흥얼거렸다. 작두질이 빨라지면 애야, 천천히 해라, 하시며 썰어진 풀을 고르게 펼쳐 놓았다. 늦여름 시원한 바람이 열린 대문을 통해 불어왔다. 마당 가득 풀냄새가 싱그러웠다. 나는 아버지가 좋아하는 노래를 불렀다.

"아빠하고 나아하고 마안든 꼬옻밭에 채송화도 봉숭아도~."

목청을 돋우며 노래에 빠져들 즈음, 억! 하는 외마디 소리가 들려왔다. 순간 작두질을 멈추고 아버지를 내려다보았다. 아버지는 어깨를 웅크린 채 오른손으로 왼손을 감싸 안았다. 내가 부르던 노래는 끄트머리가 잘려진 채로 어디론가 도망가 버렸다.

"아부지, 왜 그려? 다친겨?"

아버지는 아무 말이 없으셨고 잘려진 손가락 한 마디가 풀 속에서 팔딱거렸다. 감싼 손가락 사이로 붉은 피가 뚝뚝 떨어졌다.

정신을 차리고 깨어났을 때 텅 빈 집안에는 나보다 세 살 어린 여동생만이 내 머리맡에 앉아서 울고 있었다. 그날 밤 달이 휘영청 중천에 올랐을 때 치료를 끝낸 아버지가 웃으면서 집으로 들어오셨다. 보름달만큼 얼굴이 부어있었다.

나는 한동안 아버지의 잘려나간 왼손 집게손가락 때문에 잠을 이룰 수가 없었다. 아버지의 잘려진 손가락 한 마디는 내가 도망가면 도망간 자리까지 따라와 팔딱거렸다.

상처가 다 아물 때까지 아버지는 막걸리를 드시지 않았다. 소에게 먹일 꼴도 큰오빠가 대신 베러 다녔다. 나는 그날 이후로 다시는 작두를 쳐다보지 않았다. 어쩌다가 여물을 썰자며 오빠들이 불렀지만 나는 그 말만 들어도 온 몸에 소름이 돋아 소리 내어 울기만 했다. 이후에도 아버지의 짧아진 손가락을 보면 무릎에 얼굴을 묻은 채 엉엉 울었다. 그럴 때마다 아버지는 괜찮다며 나를 꼭 안아주셨다.

그해, 찬바람이 불면서부터 아버지의 왼손은 두툼해졌다. 시린 손가락 끝을 달래기에는 장갑 하나로는 부족했던지 그 손가락에만 서너 겹 천을 덧대 장갑을 끼셨다. 올케가 방안에 넣어준 질화로 앞에서도 겨우 내 장갑 낀 손을 주무르셨다. 평소 아버지는 글씨를 쓰거나 수저를 드는 것만 오른손으로 하고 나머지 일은 다 왼손을 사용하셨다. 전체 손놀림이 부자연스러워졌음은 물론, 취미로 치던 장구 소리마저도 한동안 고르지 않았다. 창을 하거나 시조 읊는 일도 뜸해졌다. 그럴 때마다 나는 아버지 옆에 쪼그리고 앉아 '아부지, 많이 아퍼?' 하고 자꾸만 물었다. 아버지는 웃기만 할뿐 아무 말씀이 없으셨다.

오늘 아버지는 아무 일 없었다는 듯 염습실에 평온하게 누워 계신다. 미동도 없다. 염꾼은 아버지의 머리에 생전의 중절

모가 아닌 삼베 모자를 씌워드렸다. 염꾼의 표정이 슬픔을 표현하는 연극배우처럼 진지하다. 아버지의 발에 하얀 고무신 대신 파랑색 꽃신이 신겨졌다. 발등에 핀 커다란 목단꽃 위에 하얀 나비가 사뿐히 앉아 있다. 아버지는 지팡이도 없이 꽃신만 신고 어디를 가시려는 걸까. 어느새 삼베 장갑을 낀 아버지의 양 손은 도포에 가려졌다. 나는 아버지께 뭐라고 말을 하려고 했지만 목소리가 나오지 않았다. 다만 입 속에서 '아버지, 많이 아퍼?'라는 말만 맴돌 뿐이었다.

엄마의 금비녀

 엄마는 숱이 적은 머리로 쪽을 찌고 비녀를 꽂아 치장을 하셨다. 그 비녀는 가난할 때엔 나무였다가, 살림이 조금 펴진 후에는 은이었으며, 자식들이 장성하여 생활이 여유로워졌을 때에는 금으로 바뀌었다. 엄마의 금비녀는 큰언니가 어려운 살림에도 푼푼이 모은 돈으로 엄마의 환갑기념으로 장만해 드린 것이다.

 엄마가 비녀를 꽂기 위해 거울 앞에 앉으면 나는 턱을 괴고 엄마의 얼굴을 오랫동안 바라보았다. 머리를 매만지는 손동작 하나하나가 신기하여 넋을 놓을 때도 많았다. 그럴 때면 엄마는 얼굴을 붉히며 빙긋이 웃었다. 멋을 부릴 줄 모르는 엄마에게는 머리 만지는 일이 유일한 멋 내기 수단이었다. 아침마다 거울을 앞에 하고 이마 위 중앙에서부터 정수리까지 반듯하게 가르마를 탔다. 동백기름을 바르고 참빗으로 가지런히 빗어 넘긴 후 금비녀로 쪽을 마무리한 다음 거울에 비친 얼굴을 보고는 앞모습 옆모습을 살폈다. 머리를 쓰다듬던 손으로 양쪽 뺨을 한 번 쓸어내리면서 만족스러운 듯 거울 앞을 뜨셨다.

나도 나중에 엄마처럼 머리를 길러서 비녀를 꽂고 싶었다. 하지만 나는 머리 기를 기회가 없었다. 단정한 머리가 좋다며 짧게 잘라주셨기 때문이다. 그때는 엄마가 참으로 야속했다. 머리를 길러서 하나로 묶기도 하고 양 갈래로 땋기도 하면서 멋을 부리고 싶었는데, 어깨에 닿기가 무섭게 잘라버렸으니 그런 엄마가 무척이나 원망스러웠다.

작년쯤이었나, 큰올케와 전화 통화를 할 때였다. 엄마가 느닷없이 쪽을 풀고 머리를 자르겠다고 말씀하셨다는 것이다. 언젠가 엄마의 푸념을 들은 기억이 났다.

"이놈을 오른쪽에 붙일까, 왼쪽에 붙일까, 아니면 머리 꼭대기에 얹을까, 귀에 매달아버릴까."

나이가 들면서 머리카락이 자꾸만 빠져나가니 숱 없는 머리에 비녀만 매달려 있는 것이 흉하기도 하고 떨어뜨릴까봐 불안하다는 것이다. 머리숱이 부족하니 비녀를 폼나게 꽂을 수도 없고, 이러다가 비녀를 잃어버릴 성 싶어 자르기로 결단을 내리셨다는 것이다.

머리를 짧게 자르던 날, 엄마의 심정은 어떠했을까. 미용실 의자에 앉아 거울을 들여다보는 착한아이 같은 엄마의 모습은

올케의 마음을 울렸다고 한다. 눈물이 그렁그렁하여 올케와 눈이 마주쳤을 때 슬며시 웃으며 고개를 숙였다던 엄마의 얼굴이 보이는 듯했다.

벼르던 끝에 머리를 자르긴 했지만 팔십 평생을 함께한 머리카락이 아닌가. 잘려져 맥없이 어깨 위로 쏟아졌을 때, 엄마는 잘린 머리카락에 대한 미련보다는 더 이상 꽂을 수 없는 비녀에 대한 아쉬움이 크셨으리라. 동네 아주머니들이 쪽진 머리를 자르고 파마를 하고 와 엄마에게 자랑할 때도 꿈쩍도 하지 않았던 분이다. 다 늙어서 쪽을 풀고 머리를 자르는 것도 모자라 머리를 볶는다는 것이 엄마에게는 용납할 수 없는 일이었다.

엄마의 짧아진 머리가 궁금해서 얼마 후 시골에 내려갔다. 나는 달라진 엄마의 모습에 놀랐다. 빈틈없이 강인해 보였던 쪽진 머리의 엄마는 어디에도 찾아볼 수 없었다. 긴장감이 사라진 얼굴은 어린아이같이 천진했다. 영락없이 어렸을 때의 내 얼굴이었다.

"서운하지, 엄마?"

나는 짧아진 엄마의 머리를 만지며 말했다. 엄마는 시원해서 좋기만 하단다. 왜 진작 이러지 못 했나 후회가 된다고 하며 어색한 듯 자꾸만 당신의 뒷머리를 쓸어내렸다. 그런 엄마의 눈빛에는 비녀에 대한 미련이 역력하였다.

비녀를 내려놓는다는 것은 엄마에게 더 이상 여자이기를 포기하는 일일지도 모른다. 평생 한 번도 자른 적 없는 머리카락을 팔십이 다 돼 짧게 잘라내고 소용없어진 금비녀를 손에 쥔 채 미용실 문을 나섰을 엄마의 힘없는 모습이 자꾸만 눈앞에 어른거린다.

 정성껏 비단보로 싸서 장롱 깊숙이 넣어뒀던 엄마의 금비녀는 나중에 큰올케의 것이 되었다. 내가 그토록 갖고 싶었지만 그 금비녀는 내 마음속에만 남아 있을 뿐이다. 그 안에서 엄마는 옛날 모습 그대로 금비녀를 꽂고 계시다.

첫눈

 첫눈치고는 눈발이 제법 굵었다. 순식간에 하늘을 점령해 슬픔조차 앗아갈 기세였다. 바람은 눈발의 흐름대로 천천히 불어댔다.

 아버지를 여읜 슬픔을 추스르기도 전, 일 년 만에 우리는 다시 어머니의 손마저 놓쳐버렸다. 엄마의 영정 앞에서 큰오빠는 자신보다 젊은 모습으로 한복을 단정하게 차려입은 어머니 얼굴을 바라보았다.

 아버지는 쉰 살이 되기 전 일을 놓았다. 어머니는 그런 아버지를 탓하지 않았다. 오히려 아버지께 더욱 극진했다. 우리 식구 중 그 누구도 아버지의 휴식을 방해하거나 싫은 내색을 하지 않았다. 어쩌다 두 분이 다투는 일은 있었지만 알고 보면 어머니의 귀가 어두워서 아버지의 언성이 높아진 것이었다.

어머니는 50년 전, 셋째 딸이 태어나던 해에 땅을 빼앗긴 충격으로 중이염을 앓다가 양쪽 귀가 상했다. 치료를 놓쳐 보청기를 끼지 않으면 보통의 말도 잘 듣지 못했다.

 아버지의 부주의로 동네 이장이라는 이가 인감을 도용해 아버지의 땅을 자신의 이름으로 옮겨 놓았다. 농사지을 논에 물을 가두고 모내기를 하는 날, 이장이 나타났다.

 "넘의 논에 말도 읎시 농사짓는 법두 있대요?"

 하늘이 무너지고 입이 다물어지지 않을 노릇이었다. 어머니는 물이 가득 찬 논바닥을 정신을 내놓은 사람처럼 뒹굴었다. 일하는 사람 누구도 어머니를 말릴 수가 없었다.

 십여 년의 재판 기간 동안 들인 돈도 만만치 않았다. 법원에 가야 하는 날은 장날인데도 옷을 곱게 차려 입고 나가셨다. 입성이 사나우면 판사도 업신여길 것이라고 했다. 아버지가 손을 뿌리치며 함께 가지 않겠노라 말하면 어머니 혼자 집을 나섰다. 밤늦게 풀이 죽어 들어오는 어머니의 어깨를 큰오빠는 말없이 안아 드렸다고 한다. 법원을 드나드는 동안 내 논을 다시 찾을 것이라는 희망으로 넘쳤던 기운도, 재판을 위해 어렵게 마련한 돈도 밑 빠진 독에 물을 붓듯 흔적 없이 빠져나갔다. 끝내 재판에서도 졌다. 이장은 우리 집 말고도 여러 군데에서 사기를 친 돈으로 자신의 딸을 부잣집에 시집보냈다. 그후로 몇 해가 지나고 다른 사람이 그 논을 샀다는 소식이 들렸다.

오빠는 스무 살이 되기 전부터 집짓는 일을 직업으로 삼아 시장에 나가 장사를 하는 어머니와 함께 가족의 생계를 짊어졌다. 가난은 정신을 차리고 눈을 비벼댈수록 염치없이 얼굴을 내밀었다. 그를 무겁게 짓누르는 장남으로서의 무게는 날이 갈수록 더해만 갔다. 어머니는 죄인처럼 흐린 눈으로 큰아들을 바라볼 때가 많았다. 아들은 모른 척했다.

소리 없이 움직이는 어머니 덕에 큰올케는 부식이며 집안에 필요한 물품들을 사러 읍내에 나가지 않아도 되었다. 동네에 애경사가 있어도 어머니 주머니에서 먼저 봉투가 나왔다. 그 외 집안의 큰일도 어머니의 주머니가 도맡아 해결했다. 그래서 어머니의 발걸음은 느리지만 분주했다.

큰오빠는 어머니의 한을 풀어드리고자 놓친 논을 되찾으려고 여러 번 논 임자와 흥정을 하였지만 허사였다. 농사를 지어보니 그 논에서만 수확이 좋았다는 게 팔 수 없는 이유였다. 주변의 논을 사는 것으로 대신하였다.

어머니는 한 번도 큰아들에게 하대를 하신 적이 없다. 어려서부터 '큰애야, 아범, 애비야'로 불렀다. 말끝도 언제나 '~하였나? ~하게나'로 맺었다.

나는 문상을 온 손님을 맞다가 멀찍이서 영정 앞에 앉아 있는 큰오빠를 바라보았다. 광대뼈가 두드러진 깡마른 얼굴이 수심의 깊이를 짐작케 했다. 어깨가 처질 대로 처져 금방이라도 고꾸라질 것만 같았다. 환갑이 넘도록 어머니에게 모든 것을 의지한 채 살아온 날들이 주마등처럼 스쳤을 것이다. 한 가정의 가장이지만 크고 작은 일에 어머니가 함께 했으니 그에게 어머니는 큰 나무이며 고단한 등을 기댈 수 있는 바위였던 셈이다. 이제야 집안의 가장이 되었으니 오빠에게 있어 어머니의 빈 공간은 크고도 클 것이었다.

큰오빠가 문상객을 맞는 모습은 한 점 흐트러짐이 없었다. 하지만 두 남동생을 옆에 두고 곡을 할 때의 목소리는 무겁고 아프게 들렸다.

아버지 때문에 제대로 된 외출은커녕 외박도 못했던 어머니였다. 어머니가 자식들 집에 다니러 가면 하룻저녁도 못 참고 안사람을 찾는 통에 어머니는 다음날 일찍 보따리를 싸야만 했다. 아버지가 돌아가시자 큰오빠는 어머니랑 하고 싶었던 일을 계획했다. 멀리 사는 여동생들 집에도 며칠씩 다녀오게 하고 가족 여행도 꿈꿨다. 어머니와 도란도란 이야기도 나누며 어머니가 좋아하는 음식을 함께 먹고 싶어 했다. 날 잡아 햄버거 가게에 가 나란히 앉아 지나가는 젊은이들을 바라보며 어머니가 좋아하는 불고기버거를 베어 물고 싶었다. 피자집에서는 식탁을 가득 메우는 크기의 피자를 시켜 어머니가 신기해하는 모습을 보고도 싶었다. 아무것도 해드린 것이 없는데 어머니는 어느 날 느닷없이 떠나가 버렸다. 기력은 떨어졌지만 따뜻하기만 했던 어머니의 손마저 놓쳐버린 안타까움에 한숨이 절로 났다.

자신의 짐을 언제나 대신 짊어 주셨던 분이셨다. 평생을 당신보다는 남편이나 자식을, 주변 사람들을 먼저 챙기신 분. 어머니를 잃은 슬픔에 목 놓아 울면서도 우리는 걸음걸이마저 위태로워 보이는 큰오빠의 모습을 살폈다. 구부정하게 앉아 영정을 지키는 모습이 마치 마른 나뭇가지를 보는 것만 같았다. 내가 오빠 옆으로 다가갔을 때, 나의 등을 다독이며 말없이 한숨만 내쉬었다.

창밖을 보았다. 눈은 쉽게 그칠 것 같지 않았다. 첫눈이 이렇듯 펑펑 쏟아져 내린 적이 있었던가. 큰오빠는 눈이 내리는 줄도 모른 채 망연히 어머니의 영정 앞에 붙박아 있었다.

첫눈을 보면 거기 등 굽은 오빠의 뒷모습이 보인다.

개망초꽃

 돌이켜보면 나도 잘한 건 없다. 이왕에 참는 것, 조금 더 참았어도 좋았다. 목숨이 오가는 일도 아니고 하룻밤 지나고 나면 수그러질 수도 있는 일이었다. 그렇지만 그 일은 여러 차례 비슷한 양상이 반복되면서 생긴 일종의 응어리 같은 것이었다.

 8년 전에 예닐곱 명이 모여 문학동아리를 만들었다. C선생이 초대회장을 맡고 나는 사무국장이 되어 단체를 꾸려나갔다. 예술을 하는 이들은 고집이 세다고 했던가. 모두들 자존심이 목숨과도 같았다. 아주 작은 일에도 신경이 날카로워지는가 하면 그냥 넘어가서는 안 될 것 같은 일에는 외려 관대했다. 나는 눈치가 없어서 여러 사람을 불편하게 했다. 성격 탓인지 사회생활을 제대로 못한 탓인지 사람을 상대하는 데 서툴렀다.

잘한다고 해도 일이 심각하게 꼬이는가 하면, 거의 포기 직전에 놓인 일이 엉뚱하게 잘 풀려 당황스러울 때도 있었다.

굳이 회원이 많아야 할 이유가 없다고 생각하는 나와 달리 C선생은 한 사람이라도 더 문학회에 가입을 시켜 양주가 문학으로 튼실한 고장이 되어야 한다고 주장했다. 그 바람에 신입 회원이 들어오면 그들이 적응할 때까지 신경을 곤두세워야 했다. 가끔은 배려 차원에서 전화를 걸어 안부를 묻거나 문자 메시지를 돌렸다. 때론 만나서 식사나 차를 나누기도 하고 문학 관련 세미나가 있으면 그들을 대동해 어디든 찾아갔다. 나는 늘 배려의 정도를 몰라서 갈팡질팡했다. 어디까지가 나의 역할인지 헷갈렸다. 회원 간에 갈등이 생기면 가장 먼저 C선생과 부딪쳤다. 선생은 나의 주장이 강하다고 했다. 회원들의 불만을 읽어주지 못했다는 이유로 언제나 나를 나무랐다. 선생에겐 무조건 내가 잘못한 것이었다. 최선을 다한 결과가 이런 것인가 싶어 나에게도, 단체에도, C선생께도 실망감이 커졌다. 점점 지쳐갔다. 4년 만에 나는 단체에서 도망치다시피 빠져나왔다.

모임에서 나온 후에도 몇몇 회원과의 관계는 유지했지만 예전처럼 서로 살가운 말은 오가지 않았다. 어쩌다 C선생을 만나도 농담을 주고받거나 마음을 터놓고 이야기를 하는 일은 없었다. 핑계를 대면서 만남을 피하게 되었다.

하지만 글을 쓰는 한 얼굴을 안 보고 살 수는 없는 노릇이었다. 그들을 만나는 것이 두려워 듣고 싶은 강연을 애써 포기하기도 그렇고, 혹여 그런 장소에서 그들을 만나면 그때마다 외면할 수도 없는 터여서 한번쯤 속 시원히 터놓고 이야기해보고 싶기도 했지만 그를 너무나 잘 아니 망설여졌다. 내가 아는 선생은 언제나 무슨 일에든 중심에 있어야 하는 사람이다. 내편으로 기울어주기를 바란 적은 없지만 내 이야기도 긍정적으로 들어줬으면 했다. 그런데 그는 여전히 나를 나무랐다. 그의 어떤 점이 나를 꼼짝 못하게 하는지 모르겠다. 옳든 그르든 자신의 의견을 대부분 관철시키고야 마는 그는 웬만해서는 자신의 속내를 드러내지 않는다. 내가 서운하다고 해도 그 말을 하는 나를 이해 못하겠다는 듯 그저 바라볼 뿐이다. 그런 그에게 하고 싶은 말을 다 할 수는 없었다.

7월이 코끝에 와 있던 어느 날 선생에게서 연락이 왔다. 회암사에 관한 글을 써 잡지사에 보내야 하는데 글과 함께 보낼 사진이 필요하다는 것이다. 사정이 여의치 않으니 사진을 찍어줬으면 하는 전화였다. 알겠노라 대답하고 약속장소인 회암사로 차를 몰았다.

회암사에 올라 대웅전과 부도탑을 촬영한 후 내려와 절터를 담았다. 웅장한 절터를 한 장의 사진에 다 넣을 수 없어 몇 컷인가를 나눠 찍으면서 뒤에서 서성이는 그를 힐끔거리며 돌아다보았다. 무슨 말인가 하고 싶었으나 별다른 대화는 오가지 않았다.

내려가는 길, 나는 박물관 쪽으로 방향을 잡았다. 아주 뜨거운 여름 한낮이었다. 그의 차가 내 뒤를 따라왔다. 삼면이 숲으로 감싸여진 절터를 한 장으로 담기 위해 잠시 차를 세웠다. 차에서 내려 카메라를 들고 절터 앞에 섰다. 드넓은 회암사지를 올려다보았다. 그때 어디선가 달콤한 향기가 바람을 타고 와 내 몸을 감쌌다. 몸을 뒤로 돌렸다. 건초에 단내를 묻힌 듯한 향기가 순식간에 나의 몸을 다시 휘감았다. 주위를 둘러보았다. 꽃향기일 법한데 향기를 뿜을 만한 꽃은 보이지 않았다. 내가 서 있는 쪽에서 백여 미터 떨어진 박물관까지 개망초꽃이 흐드러지게 피어 있을 뿐이었다. 그 향기였다. 개망초꽃을 수없이 봐왔지만 이렇듯 은은하고 달콤한 향기를 지닌 줄은 몰랐다. 들꽃에 관심이 많아졌다는 C선생에게도 알려주고 싶었다. 그는 저만치 서서 무심히 또 다른 발굴터를 스마트폰 카메라에 담는 중이었다. 그의 표정을 자세히 볼 수는 없었지만 지친 듯 굽은 등이 뜨거운 햇살에 유난히 가라앉아 보였다. 나의 시선을 느꼈던지 잠시 후 그가 고개를 돌렸다. 나는 개망초꽃에도 향기가 있다고 그에게 다가가며 수선을 떨었다. 의외라는 듯 그도 코를 벌름거렸다.

'계란꽃'이라고도 불렸던 개망초, 그의 꽃말은 '화해'다. 가까이 있는 사람을 행복하게 하고, 멀어진 사람은 가까워지게 한다는 꽃말도 가지고 있다. 꽃말을 알기 전에는 몰랐던 묘한 기분이 나를 잠시 흔들었다.

감당하기 힘들었던 일도 시간이 지나면 희석되어버리고 좋은 일은 오래도록 기억하나 안 좋았던 일은 묻어두려는 습성이 누구에게나 있는 탓일까. 아니면 건망증으로 지난 일을 잊어버리는 건지, 그것도 아니라면 오늘 문득 선생의 굽은 등을 본 탓인지, 나도 모르게 지난 일들이 꽃잎처럼 한 겹씩 흩어져 내리는 것이었다.

건너편 박물관 건물과 푸른 하늘을 배경 삼아 하얀 개망초꽃을 카메라에 담았다. 쪼그리고 앉아 한 무더기의 구름이 흐르는 하늘을 향해 또 한 번 셔터를 눌렀다. 파란 하늘을 배경으로 하늘거리는 개망초꽃이 시원한 바람과 함께 다시 한번 향내를 보내왔다.

어쩌면 개망초꽃 향기는 어떤 향기도 없는 줄 알고 그동안 맡아볼 생각조차 하지 못한 그에게로부터 온 화해의 손짓이었는지도 모른다는 생각이 들었다. 고개를 들자 가없이 맑은 하늘이 나에게로 다가왔다.

언니의 방

 내 방문을 열면 거실 왼쪽 끄트머리에 언니의 방이 있다. 알람 소리에 깨어 주방으로 가면서 슬며시 언니의 방에 귀를 대본다. 조용하다. 새벽녘까지 기침을 하며 잠을 설친 언니가 아침에서야 곤히 잠에 들었나 보다.
 올 가을 건강검진을 마친 언니는 폐암 판정을 받았다. 의사의 진단이 의심스러워 이 병원 저 병원을 거쳐봤지만 결과는 마찬가지였다. 고요하던 집안은 비상사태로 돌변했고 나는 언니의 간병을 자처했다. 언니에게 2남 1녀의 자녀가 있지만, 내겐 부모와도 같은 분이라, 할 수 있는 무언가를 해주고 싶었다.
 수술 날짜는 의외로 빨리 잡혔고 경과도 좋은 편이다. 지금은 퇴원하여 병원에서 짜준 스케줄에 따라 치료를 받고 있다. 그런데 기침이 문제이다. 시도 때도 없이 터져 나오는 기침은 평소 감정표현에 무뎠던 언니조차 고통을 호소하게 했다. 병명을 알고서도, 수술 후에도 전혀 티를 내지 않던 언니다. 오히려 그런 언니를 지켜보는 우리들이 초조할 지경이었다. 통증이 있거나 힘든 일 있으면 말하라 해도 멀뚱히 웃으며 괜찮다, 했었다. 그런데 기침은 언니를 휘잡아 흔들었다. 그럴 때 내가 할 수 있는 일이라고는 기침이 끝나기를 기다렸다가 침상에 쓰러져 있는 언니에게 물 한 컵을 건네주는 게 고작이다. 마음이 무겁고, 아프다.

잦은 기침은 수술 후 나타나는 현상이라지만 아무래도 신경이 쓰인다. 언니가 어떤지 방문을 열어보는 것이 두렵다. 그렇다고 그냥 두고 보기도 어렵다. 심한 기침으로 흉통을 호소하는 언니 가슴에 복대를 둘러주었다.

언니가 화장실에 간 틈을 타 공기청정기 전원을 켜고 바닥과 가구 등을 물걸레로 닦는다. 책상에는 참고 서적이며 교과서들이 가득이다. 침대 밑에도 이런저런 인쇄물들이 산더미처럼 쌓여 있다. 종일 침상에 누워 지내는 줄 알았는데, 틈틈이 공부를 하고 있었던가 보다.

칠십을 바라보는 늦깎이 대학생 언니는 곧 있을 4학년 기말시험을 포기할 수 없다고 했다. 가능하다면 동료들과 졸업을 같이 하고 싶고 졸업 후 다른 공부를 시작하고 싶은 꿈이 있었다. 남들처럼 제때 공부하지 못한 한을 풀려는 것일까, 언니의 학교생활은 눈물겨울 정도로 성실하다. 이번에 시험을 못 보

언니의 방 **141**

면 계획에 차질이 있을 거라는 언니의 표정이 사뭇 진지하다. 나는 학교 사무실에 전화 걸어 사정 이야기를 하고 시험을 대신할 수 있는 방법이 있는지 물었다. 시험 당일 입원해 있거나 응급실에 다녀왔다는 진료 확인서가 있으면 과제물로 대체 가능했다.

  이비인후과 의사인 언니의 둘째아들에게 전화를 걸었다. 시험 당일 응급실에 갈 것인데, 적당히 둘러댈 증상을 말해 달라 했다. 조카는 단번에 "안 된다."고 했다. 목숨이 걸린 문제도 아니고, 환자로서의 도리가 아니라며 난처해했다. 외려 이번 시험을 포기하고 마음 편히 한 학기 더 다니는 쪽을 권했다. 편법을 쓰려 했던 나는 얼굴이 따끔거렸다. 조카는 이모 마음은 십분 이해하나, 순리대로 가는 게 옳은 것 같다면서 전화를 끊었다. 내 꼴이 우스웠다. 나와 조카의 통화 내용을 듣던 언니가 기침을 하며 한참을 웃었다.

  "누울 자리보고 다리 뻗으랬잖아. 둘째는 큰애와 달라. 걔가 어떤 앤데."

  둘째가 고지식한 면도 있지만, 무엇보다도 내 방법이 언니도 마뜩찮다는 것이었다. 피식, 웃음이 났다. 조카의 말이 아니어도 내 방식이 유치하기는 했다. 응급실은 절박한 상황에 놓인 환자가 가는 곳이다. 누구라도 거짓으로 출입할 그런 곳이 아니다. 목숨이 오가는 이들의 시간을 우리가 뺏을 뻔했다는 생각에 이르자 부끄러움에 얼굴은 더욱 화끈거렸다.

흐트러진 종이들을 정리하면서 방안을 빙 둘러본다. 화장대 오른쪽에 친정어머니 사진이 보인다. 장미농장에서 외숙모와 함께 찍은 사진을 사진관에 가지고 가 엄마 모습만 따로 편집한 것이다. 무슨 일이 있을 때마다 어머니께 보고하고 힘을 얻곤 한다는 그 사진. 나는 어머니를 똑바로 바라보며 언니 잘 부탁한다고 말씀드린다. 어머니는 그 모습 그대로 나와 눈을 맞추며 웃으신다.

며칠 후면 언니의 기말시험일이다. 간밤에도 새벽 내 기침하며 책장을 넘겼으리라. 언니가 조금이라도 더 주무시도록 나는 까치발로 언니 방 앞을 오간다. 오늘 아침에는 토스트를 해볼 참이다. 빵을 굽고 달걀 프라이와 치즈를 얹고 잼을 바른다. 사과랑 바나나를 넣어 갈아 만든 주스와 커피를 준비한다. 간편식을 싫어하는 형부를 위해서는 국을 데운다.

언니의 방 앞에 선다. 내가 방문을 노크하면 언니의 하루가 시작될 것이다. 미세먼지로 창을 여는 것마저 제한된 언니의 방, 답답한 공간일망정 언니의 하루가 공부로 해서 행복하기를 바란다.

봉숭아 꽃물

 툇마루에 걸터앉아 울 너머 앞산을 바라본다. 한 무리의 새들이 북쪽으로 날아간다. 아버지께서 나를 부르신다. 점심을 들고 한숨 주무신 후이니 시계를 보지 않아도 몇 시인지를 알 것 같다. 아버지는 막걸리 심부름을 시킬 요량이다.
 나는 색 바랜 양은주전자 들고 뙤약볕이 달구는 길 따라 아버지 심부름을 간다. 중학생 언니도 있지만 아버지는 유독 나만 찾으신다. 나를 시키는 이유가 있는데, 팔 힘이 세다는 것이다. 야무지고 조심성이 있어서 한 방울도 흘리지 않고 간수를 잘해 온다는 것도 이유 중 하나다. 아버지 앞에서는 얼굴을 찡그린다거나 못 가겠다고 말대꾸를 하지 못하고 동구 밖을 벗어나서야 혼자 투덜거린다. 공연히 애꿎은 돌멩이만 걷어찬다. 작은 꽃신이 춤추듯 풀숲으로 날아간다. 꽃신에 놀란 산새가 포르르 솟아오른다.

 외가 쪽 먼 친척 가게에서 막걸리 한 주전자를 받는다. 아주머니는 기특하다며 내 머리를 쓰다듬고 등을 다독여준다. 집안의 안부를 두루 묻고는 차 조심하라는 말과 함께 눈깔사탕 한 알을 쥐어준다. 주전자의 무게가 만만치 않아 몇 발짝을 못 가고 다른 손으로 주전자를 옮겨 든다. 신작로에 트럭이 지나가면 뿌연 먼지 속에서 눈을 감고 숨을 멈춘 채 서 있어야만 한다. 차 소리가 멀어지고 먼지가 가라앉으면 다시 집으로 향한다.

 산모퉁이를 돌아서면 산등성이 소나무 그늘에 앉아 잠시 쉬곤 한다. 멀리 집이 보인다. 밤나무 숲 사이로 파란 양철지붕이 강한 햇살에 흔들리는 듯하다. 눈이 부시다. 주전자 주둥이에서 달콤하고 시큼한 냄새가 풍겨온다. 주전자를 기울여 한 모금 마셔본다. 목구멍으로 넘어가는 달콤한 느낌이 좋다. 맛있다. 또 한 모금을 마신다. 해 한 모금, 나 한 모금, 해도 붉고 나도 붉다.

 주전자가 조금은 가벼워진 것 같다. 발을 옮길 때마다 오솔길이 이리 저리 절로 휜다. 이웃집과 우리 집 밭 사이에 놓여 있는 오솔길이 벌떡 일어나 내 얼굴을 향해 달려드는 것 같다. 눈을 질끈 감는다.

 주전자를 든 손이 잠시 흔들렸지만 다행히 막걸리를 길에 쏟지는 않았다. 크읔, 목구멍을 넘어온 막걸리 냄새가 나를 괴롭힌다. 더위 때문인지 얼굴이 더욱 화끈거린다.

　아버지는 막걸리 주전자를 받아들고 툇마루에 걸터앉는다. 마치 무슨 예식을 치르기라도 할 듯 엄숙하고 진지하다. 나는 재게 부엌으로 가 쟁반에 놋대접과 열무김치를 내온다. 콸콸콸 소리와 함께 막걸리는 금세 한 대접 채워지고 아버지는 눈을 지그시 감은 후 숨을 가다듬고 단번에 들이킨다. 손등으로 입을 쓱 닦고는 열무김치를 집어 잡수신다. 빨간 김칫국물이 모시적삼에 한 방울 떨어진다. 어적어적 김치 씹는 소리가 경쾌하게 들린다. 나도 덩달아 침을 꿀꺽 삼킨다. 아버지 콧등에 어느새 빠알간 봉숭아꽃이 피어난다.

　나는 졸음에 겨워 그 봉숭아꽃물이 지는 줄도 몰랐다.

산수유 꽃 필 때면

 누구나 좋아하는 나무 한그루쯤은 있게 마련이다. 나는 장흥 길 굽은 도로에 홀로 선 산수유나무를 좋아한다. 꽃시장에 오갈 때 더러 나무들이 눈에 띠었는데, 산수유가 그 중 하나이다. 이른 봄 겨울을 수습하는 빗속에서 몸을 검게 불리며 서 있는 산수유나무, 금방이라도 터질 듯한 꽃봉오리를 매단채로 물기를 머금었다.

 봄을 알리는 꽃 산수유는 생강나무와 더불어 봄의 전령으로 꼽힌다. 정원이나 공원의 관상수로 흔히 볼 수 있는 나무이며 대 군락을 이루는 경기도 이천이나 전라도 구례 등지에서는 해마다 산수유축제가 열린다. 층층나무과에 속하는 낙엽성 소교목이고, 잎은 긴 달걀모양으로 서로 마주보며 끝이 뾰족하다. 키는 7m정도까지 자라고 수피가 비닐조각처럼 벗겨지며 꽃은 잎이 나오기 전에 핀다.

　노란색의 여러 알갱이들이 팝콘처럼 터져 나와 가지 끝에 왕관처럼 우뚝 걸터앉는다. 만지면 노란 분이 묻어날 새라 손조차 댈 수 없는 꽃, 산수유는 내 오래 전 친구 Y를 닮았다.

　Y는 나의 초등학교 1학년 때 친구로 마음이 여리고 착한 아이였다. 긴 생머리를 양 갈래로 땋아 노란색 방울로 묶고 다니는 그 아이를 나는 많이도 놀려댔다. 내가 놀리면 놀리는 대로 별다른 반응 없이 당하기만 하는 아이였다. 시골 아이답지 않게 늘 단정하고 세련되게 옷을 입었다. 하얀 타이즈에 짧은 멜빵치마를 입은 그 애는 남자아이들의 놀림을 수시로 당했다.

　Y는 가끔 산수유 빨간 열매를 닮은 귀걸이를 귀에 매달고 오기도 했다. 나는 공연히 그 귀걸이를 잡아당겨 그 아이를 놀라게 하였다. 내 손바닥 위에 반짝이는 귀걸이는 금방 Y의 귀에 걸렸지만 다음 날에도 그다음 날에도 Y는 귀걸이를 하고 오지 않았다. 친하게 지내고 싶었던 마음을 잘못 표현한 것 같았지만 그 애에게 다가갈 수 있는 다른 방법을 알지 못했다.

　나는 Y가 친구들과 노니는 것을 본 적이 없다. 언제나 멀찍이 뛰어노는 친구들을 바라보며 앉아 있곤 했다. 수업 시간에도 반듯하게 앉아 시간을 채웠다. 시도 때도 없이 교실 안팎을 돌아다니는 우리들과는 달랐다. 나는 그 아이가 말을 할 줄 모른다고 생각했다. 또한 어딘가 모자란 아이는 아닌가, 했다.

아침이면 조용히 교실에 들어왔다가 수업을 마치면 어느새 보이지 않았다. 어쩌다 하굣길에 만나도 그 애는 혼자였다. 뭐라고 말을 시키면 희미하게 웃다가 재빨리 표정을 정리했다.

그래서인지 친구들은 자주 Y를 놀렸다. 그 애 편을 들어주는 친구는 아무도 없었다. 나는 Y의 뒤에 앉았고 그 애의 땋은 머리를 내 짝꿍이 그러는 것처럼 가끔 잡아당겼다. 그래도 Y는 어떤 반응도 건네지 않았다. 세찬 바람이 불어도 끄떡없는 나무와도 같았다. 그날 수업이 끝나고 학교 후문을 나서기 전까지는 그랬다.

나와 짝꿍이던 O가 선생님 심부름을 하기 위해 학교에 남았다. 홀로 교문을 나설 때 Y가 댓 발짝쯤 내 앞에서 걸어가고 있었다. 그리고 모퉁이를 돌아갈 무렵, 그 애는 나를 향해 돌아서더니 한 마디 쓱, 던지고는 가던 길을 천천히 걸어갔다.

"또 다시 나 건드리면 그땐 혼날 줄 알아!"

나는 흙바닥에 그대로 발이 붙어버리는 줄 알았다. 그 말은 순하고 여린 그 애 입에서 나온 말이 아니었다.

그 후의 Y에 대한 기억은 없다. 거짓말처럼 생각이 나지 않는다. 그 애가 또래 아이의 가방을 들고 가는 것을 본 것도 같지만 확실하지 않다. 어떤 날 울면서 오솔길을 벗어났던 아이도 그 애라고 확신하지 못한다. 나에게 더 이상 Y는 친구들에게 당하기만 하는 아이가 아니니까. 머리를 양 갈래로 땋아 노란색 방울로 묶은 Y는 골목대장이었던 나를 단번에 제압한

강한 아이였으니까.

　봄비다. 나는 산수유나무 아래 우산도 없이 서 있다. 머지않아 완벽한 왕관으로 피어날 산수유꽃 아래, 그때의 Y의 귀에 걸렸던 빨강색 귀걸이처럼 지난 해 미처 떨어뜨리지 못한 산수유 열매가 대롱거린다. 가만히 손을 뻗어 열매를 만져본다. 그 애가 그랬던 것처럼 산수유 빨간 열매는 어떤 저항도 없이 내 손에 잡혔다. 빗물을 받아 더욱 선명한 색, 하지만 나는 뭔지 모를 놀람으로 얼른 열매에서 손을 떼었다.

　'호의에 기대한다'는 꽃말처럼 산수유는 나의 놀람을 배려로 느낀 것일까, 군데군데 꽃송이가 완벽한 모양을 갖추며 피어나고 있었다.

그대에게 바치다

 호미를 들고 밭으로 나가 두어 시간 캔 냉이는 소쿠리의 바닥에 겨우 깔릴 정도였다. 폼 재고 나가 바람만 맞은 셈이다. 내가 캔 것은 잎이 냉이와 비슷할 뿐 실상 무슨 나물인지 의심이 가는 풀이었다.

 한 잎 따서 향을 맡아보았다. 별다른 향이 나지 않았다. 손가락으로 잎을 비벼 코밑에 갖다 댔다. 냄새가 나는 듯 마는 듯했다. 뿌리의 겉껍질을 손톱으로 벗겨 맡아봐도 마찬가지였다. 집으로 오는 길에 언니에게 들러 물어보았다. 언니는 모양만 보고서 대뜸 '황새냉이'라고 했다. 봄의 영양덩어리인데 이런 걸 어찌 알고 캐왔냐며 어린아이에게 하듯 내 머리를 쓰다듬었다. 내일모레면 나도 쉰 살인데, 오늘 따라 언니의 행동이 마뜩찮았다. 나는 언니의 손을 뿌리치며 말했다.

"이거 정말 냉이 맞어? 냉이가 뭐 이래. 잎은 짧고 뿌리만 굵고 길잖어."

웃음을 멈춘 언니가 말했다.

"얘, 황새냉이는 이렇게 생겼어. 우리가 알고 있는 냉이보다 잎 길이가 짧고 색깔도 갈색에 가까워. 근데 맛은 정말 끝내준다, 너?"

이쯤 되면 놀리는 것이 아니었다. 나는 성급히 냉이를 언니 앞에 모두 쏟았다. 그동안 나지 않던 향이 옅게 풍겨왔다. 모양을 자세히 보니 재미있다. 잎은 오백 원짜리 동전 크기만 한데 뿌리는 무려 2,30센티는 족히 돼 보였다. 몇몇 굵기가 굵은 것은 웬만한 도라지 2,3년생에 가까웠다.

"한 끼 반찬은 되겠는 걸? 나물 좋아하는 건 여전하네."

언니는 내가 봄마다 산과 들로 나물 캐러 다니는 걸 신기해했다. 내가 따다준 두릅으로 언니가 호사하는 날도 많았다.

나는 어려서부터 나물 캐는 걸 좋아했다. 어머니는 쑥을 뜯으면 쑥떡을 해주었고 달래를 캐면 그것으로 무침이나 양념장을 만들어 상에 올렸다. 고들빼기나 씀바귀는 김치를 만들어 먹기도 했지만 어린 내가 캔 나물이라야 데쳐놓으면 겨우 한 주먹 정도였으니 고작 한 끼 반찬이나 될까 말까였다.

집으로 돌아와 흐르는 물에 냉이를 씻는다. 다른 나물과 달리 냉이는 구석구석 잘 씻어내야 한다. 수돗물에 붉은 흙이 씻겨나가니 곧 뽀얀 속살이 드러난다. 보드라운 살결을 조심스레 문지르며 가스레인지에 올려놓은 물이 끓기를 기다린다. 끓는 물에 길쭉하게 잘 뻗은 냉이뿌리를 한 움큼 집어 통째로 넣는다. 뻣뻣한 기운이 솥 밖으로 뻗는다. 나무젓가락으로 여며 넣는다. 맑았던 물이 냉이가 익어감에 따라 검게 변한다. 이제야 냉이는 몸을 떨며 향기를 뿜어낸다. 드디어 제대로 된 냉이 향이 난다. 한번 뒤집어 놓고 잠시 기다렸다가 미리 준비한 찬물에 담근다.

소쿠리에 받쳐 물을 빼고 양념장을 만들었다. 나물은 주로 된장으로 무치지만 오늘은 고추장을 꺼냈다. 빨간 고추장에 냉이의 새뽀얀 살을 버무리고 싶었다. 들기름과 깨소금, 고추장이 양념의 전부였다. 양념장을 만든 후 물기를 짜낸 냉이를 볼에 넣고 함께 버무렸다. 들기름을 조금 넣은 것은 잘한 일이었다.

희고 둥근 접시에 황새냉이무침을 담는다. 식탁에 올라온 냉이무침이 화사하다. 고추장을 넣어 붉은 기가 감도는 그것은 다른 반찬이 필요치 않다. 미리 쌀밥을 해뒀다. 잡곡밥보다는 쌀밥이 봄나물과 더 어울릴 성싶어서이다. 마음이 설렌다. 이 훌륭한 식사를 나 혼자 해야 한다는 것이 아쉽다. 친구라도 한 명 부를 걸 그랬나. 마주앉아 봄나물에 대한 이야기도 나누며 다음에는 냉이가 많다는 흥덕사 부근으로 함께 캐러 가자하고, 곧 두릅이 나오니까 두릅도 따서 나눠 먹자는 약속도 하고 싶은데, 이제 그럴 만한 친구도 없다. 혼자 살기에 익숙해져버린 탓인가.

  밥 한 술을 뜬다. 밥알이 입안에서 녹는다. 나무젓가락으로 나물을 집어 든다. 향이 코끝으로 전해진다. 밥상에 앉아 이렇게 기분 좋아보기도 드문 일이다. 다시 한 입 가득 봄을 머금는다. 들기름 향이 냉이의 향을 돋우며 간간이 매콤한 고추장의 맛을 다독여준다. 씹을 때마다 톡톡 터지는 깨소금이야말로 봄나물을 씹는데 심심치 않은 조연 역할을 한다. 왜 언니가 황새냉이를 두고 봄의 영양덩어리라고 했는지 알 것 같다. 냉이의 효능이야 어찌 되었든 벌써부터 기운이 솟는 기분이다. 실제로 황새냉이는 인삼이나 산삼의 효능에 버금간다고 하니 오늘 나는 산삼나물 한 접시를 혼자서 먹은 셈이다.

  도감을 찾아보았다. 뿌리부터 잎, 줄기와 꽃까지 부분별로 찍어 놓은 사진이 반갑다. 뭔지도 모르고 냉이를 닮았다는 이유만으로 무턱대고 캐온 황새냉이, 그 새로운 존재에 놀라고 그 맛에 다시 한번 놀란다. 도감에는 그의 꽃말이 '그대에게 바친다'라고 되어 있다. 이런 호사가 또 어디 있나. 나를 위해 자신을 바친다 하지 않는가. 모자란 나를 위해 온몸을 바친 황새냉이에 경의를 표하는 바이다. 서툰 솜씨로 어설프게 캐느라 뿌리가 끊긴 이들에게는 심심한 조의를 표한다.

술을 마시고 싶다

뜬금없이 술 생각이 난다. 전에 없던 일이다. 술은 기분 좋을 때 한 잔 하는 걸로 알기에 나는 그야말로 기분이 좋을 때만 술을 찾는다. 지금 나는 기분이 좋은 걸까? 솔직히 좋은지 나쁜지 잘 모르겠다. 그냥 술 생각이 조금 날 뿐이다.

내가 술을 마셔야겠다 결심한 것은 관여 선생님의 말씀을 듣고 부터다. 그분은 술 한 잔도 하지 않는 나를 여러 해 지켜보다가, 문학을 하는 사람이 술맛도 모르면 재미없지, 하셨다. 나는 그 말에 끌려 술을 마시기 시작했다.

당시 나의 주량은 늘리고 늘려 소주 반병이었다. 잔을 세 번에 나눠 마시곤 했는데, 얼굴이 발그레하게 달아오를 만큼이었다. 더는 곤란했던 것이, 집에까지 그 좋은 기분으로 갈 수 있을지 의문이었다. 그래서 더 마실 생각을 하지 않았다.

대신 술을 마시고부터 술에 관심이 많아졌다. 당연한 듯, 부정적인 쪽보다는 긍정적인 쪽에 끌렸다. 술자리 풍경을 주시했고 멋진 장면을 기억했다가 재현하곤 했다. 그 하나가 소주잔을 단 번에 꺾는 기술이었다. 함께 살던 대학생 조카의 소주 원샷 장면은 볼 때마다 멋졌다. 소주 한 잔을 따라주면 안주와 상관없이 홀짝, 잔을 꺾어 깔끔하게 털어버리는 것이었다. 그 모습이 어찌나 멋있고 당당해보이던지. 젊어서 멋있었고 어떤 망설임도 없이 한 번에 털어버리는 그 단호함이 좋았다. 나도 흉내내보고 싶었다. 이후, 조카처럼 하다가 소주 반병은 한두 잔으로 끝이었다. 갑자기 들이부은 술로 얼굴은 금세 발갛게 달아오르고 심장은 터질 듯 쿵쾅댔다.

소주병을 따기 전 회오리를 만드는 것이 나의 개인기가 되었다. 이것은 모 출판사 사장한테 배운 것인데, 그가 소주병을 흔들 때 보면 손목 스냅을 이용했다. 그야말로 예술에 가까웠다. 오른 손으로 소주병을 감싸듯 꽉 잡고 왼쪽으로 살짝 기우는 듯하다가 다시 오른쪽으로 순간 털어주며 이어서 왼쪽으로. 그렇게 서너 번 흔들면 시원한 회오리가 인다. 나는 그와 몇 차례 술을 하면서 제대로 된 방법을 터득했다. 그 후로 술자리에서 내가 일으킨 회오리는 언제나 박수갈채를 받는다.

소주와 맥주를 황금비율로 섞는 폭탄주 기술도 나를 따를 자가 없다. 일단 맥주잔에 삼분의 이 정도의 맥주를 따르고 소주잔에 소주를 반쯤 채운다. 그리고 따라놓은 맥주에 반잔의 소주를 넣은 후 숟가락으로 순간의 힘을 가해 맥주잔 바닥을 탁, 치며 거품을 일으킨다. 일행들의 환호는 부러움의 증거다. 그런데 요즘 나는 소주도 맥주도 소맥(소주와 맥주를 섞은 술)도 아닌 다른 술에 빠졌다. 그 하나가 '연태고량주'다. 낯선 향기는 부드러운 목 넘김으로 이어진다. 35도의 뜨거운 술맛. 연태고량주의 매력은 금방 취하고 어느 순간 나도 모르게 바로 깬다는 점에 있다. 숙취를 느끼지 못하는 것은 장점 중에 장점이다.

또 하나는 '화요'다. 25도의 화요는 참치횟집에서 자주 마신다. 소주와는 다른 것이 톡, 하고 쏘아대는 맛이 일품이다. 이 술을 맛볼 때면 까칠한 젊은 여성이 연상된다. 까칠해보여도 그런 여성은 매력 있다. 자신감이 넘쳐 보이고 그래서 당차 보인다. 일행들과 화끈한 매력에 빠져 한 병, 두 병, 세 병은 보통이다.

화요를 알게 된 것은 동인 모임에서였다. 희곡을 쓰는 이 선생이 희곡집을 냈고 동인들이 모여 축하자리를 마련해주었다. 그의 작품을 스크린으로 감상하고 현장에서 배우들과 참가자가 함께 작품 일부를 재현했다. 문학하는 이들에겐 참으로 의미 있는 자리였다. 그날은 우리의 우정이 더욱 빛났던 걸로 기억한다. 식사를 마치고 술자리로 이어졌을 때 누군가 화요를 골랐다. 그 첫맛은 참으로 신선했다. 순한 소주를 마시다가 만난 진하면서 깔끔한 화요 한 잔의 목 넘김은 3년 전

제주의 밤을 떠오르게 했다.

　제주는 나의 단골 여행지로, 여럿이 가도 혼자 가도 좋은 곳이 거기다. 제주에 가면 나는 빼놓지 않고 '한라산'을 마신다. 바다같이 푸른 병에 담긴 소주는 도수는 높아도 순한맛이 일품이다. 홀짝대며 마시다보면 금방 한 병이고 얼큰하게 취한 나는 식당을 나와 바닷바람을 맞는다. 해변을 따라 마냥 걷다보면 술은 기분 좋게 깬다. 깨고도 아쉽지 않은 술이 한라산이다. 그날은 기분이 좋은 날도 아니었건만 한라산은 달고 달았다. 그래서 좋았고 그래서 이래저래 한 병을 모두 마셨던 것 같다. "인생이 쓰기도 하고 달기도 한 거지." 나의 중얼거림은 제주 밤바다의 비릿함과 함께 늦은 안주가 되었다.

　다음날 느지막이 일어나 그 해변을 다시 걸었다. 따가운 햇살에 눈이 부셔 근처 이중섭기념관으로 발길을 돌렸다. 아이를 유난히 사랑했던 화가. 가족과 떨어져 살 때 일본인 아내를 그리워하며 썼다는 화가의 편지를 읽었다. 저렇듯 다정한 남자도 있구나, 했었다. 바닷가에 게가 기어 다니고 아랫도리를 드러낸 아이들은 함박웃음을 하고 게처럼 기었다. 시간은 하염없이 흐르고 나의 감상은 시간을 붙들었다.

　2층 구석 책상에서 그림 그리는 이들과 만났다. 기념관에서 주최하는 이벤트로 거기 그림을 그리고 이중섭 화가에게 편지를 쓰는 행사였다. 뽑힌 그림을 모아 화집을 만들 거라고 했다. 나도 한 자리 차지하고 앉았다. 꼬맹이들이 간밤 술로 초췌해진, 아무래도 엉성한 내 모습을 기웃거리며 웃었다. 장난기가 발동한 나는 눈을 크게 뜨고 내 앞의 아이를 쳐다봤다. 아이도 덩달아 눈을 키웠다. 그리고 나를 쳐다봤다. 아니, 내 그림을 놀려댔다. 아니 아니, 내 그림에 호감을 가졌다. 나는 일부러 아이가 쓰고 있는 색연필을 빌려 색을 채웠다. 아이는 철없이 나이든 여자를 보고 까르르 까르르 웃어댔다.

다 잊고 있던 어느 날, 화집 하나가 집으로 배달됐다. 50대 그림 부문에 내 그림이 뽑혔다. 나는 주황색 왕발을 높게 치켜든 농게를 그리고 그것과 노니는 아이를 그렸다. 그리고 바다와 하늘을 파랗게 칠했다. 그런 후 이중섭 화가에게 아이처럼 편지를 썼다. 나의 어설픈 그림 솜씨와 벌레들이 기어가는 것 같은 글씨가 부끄럽게 웃었다. 이왕이면 모양을 내서 잘해볼 걸 하는 생각이 그때서야 들었다. 술이 빚어준 추억 한 자락이었다.

술은 마셔서 기분 좋고 깨고 나면 멋쩍게 웃을 수 있어서 좋은, 낭만적 존재다. 술친구가 반드시 있지 않아도 되는, 기분이 좋을 때 생각나는 것이 술이어서 좋다. "술을 모르고 문학을 하다니." 나는 그 말을 이제야 알 것 같다. 술이 있어서 기분이 좋고, 기분 좋을 때 술을 찾을 줄 아니 멋진 일이다.

오늘 나는 술 생각이 난다. 술이 마시고 싶다. 회오리를 일으켜 한 잔 홀짝 꺾을 수 있는 소주. 순한 소주 한 잔 마시고 싶다.

행복한 유전

편두통이 급습한다. 이러다 말겠지 하며 일에 몰두해 보지만 좀처럼 멈출 기미가 보이지 않는다. 두통이 시작되면 어김없이 광목 끈을 머리에 두르시던 엄마의 얼굴이 떠오른다. 돌이켜보니 그때의 엄마가 바로 지금의 내 나이였다.

엄마는 40대 후반에 하나둘 속 썩이기 시작하는 이를 몽땅 뽑아내고 틀니를 했다. 이 하나가 말썽을 일으키면 머리가 터질 듯 아프고 눈이 빠질 것처럼 고통스럽다고 하셨다. 아무것도 할 수 없을 뿐더러 자리를 깔고 누울 수밖에 없었다. 아버지의 권유로 담배를 피워 물기도 했고, 밤새 꿀통을 머리맡에 두고 통증이 올 때마다 꿀을 한 숟가락씩 물고 계시기도 했다. 언제부터인가는 얼음을 물고 통증과 맞서기도 하셨다. 아닌 게 아니라 치통이 주춤하기도 했고 잠시 편할 수 있었다. 하지만 놈은 두통을 동반하고 불시에 찾아오니 장사를 하는 엄마로선 반갑지 않은 손님이었다. 고민 끝에 말썽 많은 이와 더불어 나머지 성한 몇 개의 이를 아예 생으로 뽑아버리고 틀니를 하기로 결심했다.

주무실 때는 틀니를 뽑아 사발에 넣고 물을 부어놓았다. 물에 담긴 틀니를 보며 우리는 매번 소스라치게 놀랐다. 이를 뽑아내면 편두통은 자연스레 사라질 줄 알았지만 엄마는 그 후로도 툭하면 광목 끈을 머리에 둘렀다.

입병도 자주 나, 뜨거운 음식이나 매운 음식을 드실 때는 그 고운 얼굴이 심술궂게 일그러지곤 했다. 한 군데가 그만하면 다른 한 쪽이 뚫어지고 그 쪽이 괜찮다 싶으면 이번에는 잇몸이 말썽이었다. 엄마의 지긋지긋한 입병은 우리 다섯 딸이 고스란히 물려받았다. 조금만 몸을 혹사시켰다 싶으면 여지없이 입안이 송송 뚫린다. 그렇지 않을 때는 양치를 하면서 칫솔로 긁어 생채기를 내놓거나, 음식을 먹을 때 볼살이나 혀를 씹어버리는 경우가 다반사다. 약을 발라도 보고 먹는 약을 먹어도 보지만 그때뿐이다.

엄마는 귀도 약했다. 셋째 언니가 태어나던 1964년, 아버지의 부주의로 논문서가 동네 이장에게 넘어갔을 때 정신을 잃고 쓰러졌다. 모내기를 하기 위해 물을 가득 받아놓은 논에 들어가 정신을 놓은 사람처럼 소리를 지르며 논바닥을 기어 다니셨다. 그날 밤 가족의 부축을 받으며 잠자리에 들면서 머리가 깨질 듯 아팠다고 한다. 그 즉시 병원에 들러 진단을 받아봤어야 옳았다. 당시로서는 엄마에게 병원은 사치였다. 빼앗긴 논을 찾기 위해 온 신경을 곤두세우고 십여 년 법정을 드나들었지만 허사였다. 신경성 중이염이 원인이 되어 가는귀가 먹고 결국 보청기를 끼지 않으면 보통의 말도 알아들을 수 없게 되었다. 날이 궂거나 신경을 많이 쓰게 될 일이 생기면 약과 면봉을 손에서 놓지 않았다.

아버지의 언성이 높아진 것은 그즈음부터다. 웬만한 소리는 알아듣지 못하는 엄마를 위해 큰소리로 말씀하셨다. 어쩌다 엄마의 컨디션이 좋은 날에는 아버지는 핀잔을 들었다.

"이 영감님이 나하고 싸울 작정인규, 왜 그렇게 언성을 높인대유?"

아버지는 이유를 설명하려다 말고 헛기침으로 대신했다. 그리고 혼잣말을 하셨다.

"비밀 얘기한 지가 은젠지 몰르겠네. 당최 우리찌리 헐 말두 뭇허구 재미난 세월 다 지났구먼."

그 말씀이 무슨 뜻인지 이제야 알아 절로 웃음이 나지만 그래서 절로 눈물도 난다.

다시 말하지만 우리 다섯 자매는 엄마에게서 두통과 입병을 고스란히 물려받았다. 귓병은 막내가, 약한 이는 심하고 덜하고 차이는 있지만 나를 제외한 네 딸 모두 나눠가졌다. 태어나 스케일링을 하거나, 검진 받으러 치과에 간 것을 제외하고는 치과 문턱에도 안 갔으니 나로선 그나마 다행스러운 일이다. 엄마는 내가 웃으면 행복해 하셨다.

"워쩌면 그리두 이가 가지런허냐? 옥수수를 박아 논 것맨치 촘촘허구 이쁘네."

나는 어깨를 으쓱하며 너스레를 떨었다.

"엄마, 이거 틀니잖여. 흐흐흐."

"예끼, 그런 말 허면 뭇써. 워디 멀쩡허게 성한 니를 가꼬 그런 말을 헌댜? 복 나가게…."

엄마는 내가 무슨 큰 잘못이라도 한 것처럼 나무라셨다. 언젠가는 내 이도 치료를 받아야 할 때가 오겠지만 아직까지는 멀쩡하니 감사할 일이다. 우리 다섯 자매가 어쩌다 만나면 태안 말로 늘 엄마 이야기를 한다.

"머리가 자주 아픈 건 엄마를 닮아서 그런 겨."

"내 이가 약한 건 영락없이 엄마를 빼다 박았지."

"내 귀는 워떻구. 지끔이야 치료를 잘 받아서 이만큼이지 예전엔 아예 휴지를 가지고 다녔다니께."

"말두 말어. 입병은 워쩔껀디. 우리 다섯에게 사이좋게 나눠 준 건 입병이랑 편두통뿐여. 울엄마, 참 고마운 분여. 두고두고 엄마를 추억허고 그리워헐 수 있게 만들어 놓셨잖여."

누가 먼저랄 것도 없이 우린 까르르 웃었다.

언젠가 아는 분이 아버님이 당뇨병을 주셔서 감사하다고 한 말을 듣고 이해할 수 없었다. 병을 이어 받은 걸 고마워하다니

행복한 유전 163

선뜻 납득이 가지 않았다. 건강한 신체를 주신 부모님께 감사하다는 말은 들었어도 평생 약을 먹고 운동하고 식사를 조절하며 지내야 할 귀찮은 병을 주신 걸 감사해 하다니. 그때는 몰랐지만 이제는 알 것 같다. 그분은 약봉지를 볼 때마다 아버지가 생각날 테고, 같은 약을 거의 같은 시간에 드시는 아버님이 안쓰러웠을 것이다. 하지만 아버지의 모습을 수시로 떠올릴 수 있다는 것은 얼마나 기쁜 일이랴. 그러니 이해하기로 하자면 고맙다고 할 법도 하다.

엊그제 양치를 하며 칫솔로 긁은 잇몸이 욱신거린다. 당분간 나는 간이 센 음식을 삼가고 있다. 되도록 뜨거운 음식도 피한다. 그러면서 엉뚱한 생각을 한다. 이건 엄마가 주시는 특별한 경고라고. 자극이 있는 음식은 간이 센 음식과 같이 몸에 안 좋으니 웬만하면 먹지 말라는 당부일 게다.

이때껏 진통제로 다스리는 편두통도, 끊이지 않는 입병도 내게 있어 생활이 되어버렸다. 더 이상 불편하거나 귀찮은 손님도 아니다. 엄마가 주신 행복한 유전일 뿐이다.

4부

반 평의 자유
청춘아, 아프지 말자
미련한 완주
비 내리는 거리를 걷다
철학을 공부하는 한 가지 방법
꽃을 자르다
멋진 놈, 굿바이
김미선처럼 사는 법
덕德은 가르쳐지지 않는다
오르한 파묵의 순수박물관을 찾아서

반 평의 자유

1 날마다 새로운 아침

시동을 건다. 밤사이 갇혀 있던 공기들의 입자가 바쁘게 움직인다. 이른 새벽부터 밤늦게까지 가장 많은 시간을 보내는 곳, 이 반 평의 공간에서 나는 집이나 화원에서보다 정신이 더 집중되고 오롯한 존재감과 함께 더 큰 자유를 느낀다. 내비게이션과 블랙박스의 신호가 떨어지면 주파수를 고정한 FM라디오에서 귀에 익은 음악이 흘러나온다. 운전석 옆 간이음료대에 올려놓은 텀블러의 커피 향이 스르르 차 안을 가득 채운다. 멍했던 정신이 일순 깨어난다. 뜨거움을 밀어내고 한 모금의 커피를 마신 나는 지그시 가속 페달을 밟는다. 어제로부터 건너온 시간이 자동차의 진행 속도에 맞춰 바쁘게 공전을 시작한다. 방향을 꽃시장으로 잡는다.

새벽 꽃시장은 날마다 활기가 넘친다. 삶에 지치거든 새벽 시장에 가보라는 말은 괜한 말이 아니다. 물건을 팔기 위해 목소리를 높이는 상인과 더 좋은 상품을 고르기 위해 분주한 사람들 곁을 지나며 나도 잠시 생기를 얻는다. 골라놓은 꽃과 나무를 자동차 가득 싣고 화원으로 향한다.

똑같은 날의 연속이지만 차창 옆으로 물러나는 풍경들은 어제와 다른 하루를 열어 보인다. 한껏 오므렸던 잎이 주름을 펴며 모양을 잡아가고 햇살을 머금은 나무는 더욱 짙은 색으로 변하는 중이다. 풍경과 어울리는 오늘에 맞춘 음악에 빠지다 보면 어느새 화원 앞이다. 마당의 꽃과 나무들이 또 다른 모습으로 나를 맞이한다. 그새 꽃을 밀어 올려 십여 마리의 꿀벌을 불러들였다. 그들에게서 눈을 돌린 나는 마시다 만 커피 텀블러를 음료대에 내려놓는다. 이제 나의 일터에서의 새로운 하루가 시작된다. 오른손을 천천히 비틀어 시동을 끈다.

2 빠르게 흐르는 오후

다시 시동을 건다. 트렁크에 화분 여러 개를 싣는다. 행사가 몰린 걸 보면 오늘은 좋은 날인가 보다. 휴대폰대리점에 배달할 화분은 자리를 크게 차지하지 않는 스투키이다. 모델하우스에는 덩치가 큰 '고무나무'로 식당에는 돈을 많이 벌라는 뜻이 담긴 '금전수'로 정했다. 리본 글씨가 주문한 사람의 마음을 고스란히 담고 있다. '대박나세요', '원하는 대로 되소서', '밤새 돈세다 잠드세요' 등이다. 리본 글씨를 받아 적으면서 꼭 이렇게까지 써야 하나 하며 웃음을 짓지만 그들의 간절함을 생각하면 금세 나조차 진지해진다.

기분이 가라앉을 때는 라디오 볼륨을 좀 더 높인다. 눈치 빠른 오후의 진행자는 경쾌한 팝송을 틀어준다. 간간이 섞이는 뉴에이지 음악에도 빠져볼 만하다. 축하 리본이 달린 화분이 룸미러 안에서 자동차의 속도에 맞춰 몸을 움직인다. 배달 동선이 길어서 좋을 때도 있다. 특별히 방해하는 이도 없으니 그때야말로 사색하기에 좋은 시간이다.

송나라의 문필가 구양수歐陽修는 시문詩文을 생각하기에 좋은 장소로 삼상三上을 거론했다. 마상馬上, 침상枕上, 측상廁上 중 나는 현대판 마상馬上을 택한 것이다. 번개처럼 빛나는 아이디어는 아닐지라도 운전을 하면서 가장 많은 생각들이 떠오르고 또 정리된다. 어떤 때는 갓길에 차를 세우고 번뜩 떠오르는 글감을 메모지에 적기도 한다. 좀처럼 풀릴 것 같지 않던 고민도 이 공간에서는 그 갈래가 보인다. 스스로 나를 키우고 격려하는 곳이 있다는 것만으로도 위안이 된다.

돌아오는 길은 홀가분하다. 화분을 채울 공간을 되찾고 일터로 향하는 일이 즐겁다. 차창을 연다. 바람은 제 몸의 마디를 꺾어 주저하지 않고 나만의 공간 안으로 들어온다. 빠르게 흐르는 시간 속으로 약속처럼 스며든다. 감촉이 상쾌하다. 주차장에 도착하여 될수록 나는 천천히 시동을 끈다.

3 드러눕는 저녁

다시 시동을 건다. 집으로 가는 길은 새로운 일이 벌어질 내일을 만날 수 있는 희망이다. 또한 하루를 잘 보냈다는 신호이고 이제 휴식을 취해도 좋다는 허락이다. 어김없이 라디오가 연결되고 진행자의 목소리는 오늘 따라 왠지 버터를 바른 듯 느끼하다. 그는 프랑스어를 능숙하게 소화하고 음악을 해석하는 능력이 탁월하다. 세상의 모든 음악을 섭렵한 듯한 박식함 또한 한 몫 한다. 그로 인해 어렵게만 여겨졌던 유럽의 고전음악에 깊이 빠져드는 중이다.

집으로 가는 길은 태양이 오른쪽으로 기운다. 나는 그 길을 따라 내려간다. 내려앉는 땅거미처럼 음악은 긴 여운으로 내 마음에 가라앉는다. 어둑해진 서쪽 하늘로 초여름의 후텁지근한 바람이 지나간다. 그때 J에게서 전화가 걸려왔다. 나는 해가 지는 쪽으로 차를 세웠다. 그녀의 목소리는 무거웠다. 고향집에 홀로 계신 친정어머니가 위독하다고 했다. 문득 늙어가는 부모를 위해 우리가 할 수 있는 일은 아무 것도 없더라고 말하며 어깨를 떨어뜨렸던 몇 년 전의 친정오라버니의 얼굴이 떠올랐다. 어쩌면 우리는 정답이 없는 세계에서 갈팡질팡하고 있는 건지도 모르겠다. 나는 한마디 위로의 말조차 친구에게 건넬 수가 없었다. 오늘이 빨리 저물어 아늑한 어둠에 물들기를 바랄 뿐이었다.

주차장에 도착한 나는 시트 등받이를 뒤로 누이고 등을 깊게 파묻는다. 그 안으로 펫 메스니Pat Metheny의 곡이 파고든다. 그의 연주는 집으로 가는 시간을 더디게 한다 해도 반갑다. 아련한 설렘이 묻어나는 음률을 따라 피로가 일시에 등 밑으로 가라앉는다. 살짝 창문을 열고 긴 여운을 남기는 음악에 귀를 맡긴다. 지금쯤 J는 조금이라도 기운을 차렸을까. 살며시 시동을 끄면서 하루를 접는다.

PS 어쩌다 받는 선물

빗방울이 차 지붕을 두드리는 즉흥연주에 반해서 비 오는 날이면 무작정 차에 오른다. 다시 시동을 걸고 데이비드 러셀의 CD를 밀어 넣는다. 기타 줄의 튕김과 자동차 지붕에 닿는 빗소리가 절묘한 조화를 이룬다. 비 오는 날에는 기타 연주만 한 게 없다. 나는 가끔 러셀의 연주하는 모습이 담긴 동영상을 찾아서 본다. 그때마다 그와 같은 공간에 있는 듯한 기분을 느낀다. 가로등 불빛을 배경삼아 무대에 앉은 러셀은 자유자재로 기타를 연주한다. 나는 그의 맞은편 의자로 가 앉는다.

조금은 건방져 보이는 모습으로 등을 제치고 그의 음악에 집중한다. 단발머리의 러셀이 기타 줄을 튕기며 고개를 갸웃할 때면 나는 그에게 옅은 미소를 건넨다.

또르르 또르르. 빗방울이 차창을 흘러내리듯, 그의 손가락은 유연하게 기타줄을 튕긴다. 하루 종일 나를 따라 부유하던 먼지조차도 차분히 가라앉는 시간. 그의 연주는 절정에 이른다. 나는 그제야 비로소 모든 것을 내려놓은 듯 자유롭다.

가만히 시동을 끈다. 나를 에워싸는 반 평의 어둠. 이제 마음 놓고 내속으로 빠져드는, 깊은 적요寂寥의 시간이다.

청춘아, 아프지 말자

아이는 두문불출했다. 강의시간에만 집을 나섰다. 밥 먹는 시간이 서로 달라 얼굴을 마주치는 일도 쉽지 않았다. 어쩌다 방문을 노크하고 들여다보지만 거의는 이불을 뒤집어쓰고 잠을 자거나 책상에 앉아 있어 등만 볼 수 있었다. 주스 잔을 들고 무슨 말이라도 붙여볼 양 방안을 기웃거렸다. 인기척에 반응도 없이 고교 수학문제를 풀고 있는 아이의 손끝을 보다가 슬며시 음료를 책상 한쪽에 놔두고 돌아섰다.

아이는 동생의 딸이다. 대학 1학년짜리로 나와 함께 산다. 대전에서 서울로 올라오기로 했을 때 아이는 지금보다 좋은 대학을 원했다. 성적도 그만해서 불가능한 일도 아니었다. 하지만 운運은 아이를 빗겨 지나갔다. 함께 밤새워 공부하던 친구들은 모두 원하는 대학에 들어갔다. 낙오자가 된 듯 코 빠뜨리고 앉아 있는 아이를 마음 쓰며 살피는 날이 이어갔다. 기분이 울적할 때마다 아이는 수학문제를 풀었다. 나는 그런 아이를 말없이 바라보았다. 수학문제처럼 분명한 답을 주는 건 없다고 했다. 한 문제 한 문제 풀 때마다 기분이 살아난다고 했다. 나는 아이를 바라보면서 인생도 분명한 답이 주어진다면 얼마나 좋을까 생각했다. 하지만 인생은 쉽게 답을 내주지 않았다.

한 학기를 힘겹게 마치고 아이는 활기를 찾았다. 다시 친구를 만나고 전시회를 가고 음악회에 간다는 문자를 보내오기도 했다. 어떤 땐 술에 취해 방실거리며 들어왔다. 훌쩍 여행을 떠나기도 했다. 학교생활도 적응 중인 듯했다. 그러고 보니 상처는 아픔만 남기는 것이 아니었다. 더 단단해져 굳은살을 만들었다. 힘들 땐 충분히 그 힘든 시간을 보내야 하고 슬플 때는 바닥까지 슬퍼봐야 다시 일어설 수 있다는 것을 아이 스스로 알게 된 것이었다. 충분한 시간을 혼자서 버텨본 사람만이 그 쓴맛으로 일어선다. 내가 무심한 듯 내버려둔 아이는 견딜 수 있는 시간을 보내고 세상 밖으로 멋지게 걸어 나왔다.

'아프니까 청춘'이라고 김난도 교수는 말했다. 얼핏 그럴듯한 말이다 싶어 고개를 끄덕였지만 말 그대로 그 말은 아픈 말이었다. 아파야 할 청춘은 어디에도 없다. 흔들지 않아도 어지럽게 흔들리는 세상에서 충분히 청춘은 힘들다.

한국 사회에는 나의 능력만으로 해결되지 않는 문제들이 의

외로 많다. 그래서 청춘들은 일찍부터 무력감과 상실감에 빠져 아파하고 좌절한다. 좋은 대학에 목표를 둔 아이들은 오로지 그 목표를 향해 달릴 뿐이다. 목표를 이루면 행복하고 이루지 못하면 불행하다. 이룬 자도 계속 행복해할 수 없다. 행복은 잠시일 뿐, 좋은 직장을 위해 다시 긴 시간을 내달려야 한다. 한도 끝도 없는 행복으로의 질주, 청춘은 오로지 '행복'을 좇기 위해 많은 것들을 포기해야만 한다. 좋은 대학을 나와 좋은 직장에 취직하는 것이 행복의 기준이 될 수 있을까? 사회가 요구하는 행복 때문에 자신의 행복은 포기하는 것은 아닌지 모르겠다.

나는 그런 청춘들이 아프고 아프다. 정규직은 고사하고 계약직도 어려워 아르바이트 자리를 찾는다. 9급 공무원이 되기 위해 수년째 고시원 생활을 하고 있다는 젊은이도 연애를 포기했다는 청춘도 만나보았다. 결혼을 미루거나 접었다는 사람. 결혼을 해도 아이를 행복하게 해줄 자신이 없다며 쓸쓸하게 딩크족을 선언한다. 친구를 만나 밥 한 끼 먹는 것도 지갑을 확인해야 한다며 아예 혼자서 끼니를 해결한다. 술 생각이 나면 친구를 불러내 허름한 포장마차로 들어가곤 했던 삼십 년 전의 청춘이 보인다. 그때도 암울하기는 마찬가지였다. 그래도 잘 견뎌왔다. 위만 보지 말고 아래도 보고 걷자며 서로를 다독였다. 소용없는 말인 줄 알면서도 그런 말이라도 해야 위안이 되었다. 떵떵거리며 살지는 않지만 나름대로 사회의 일

원이 되어 역할을 다하는 중이다.

  조카는 올해 4학년에 올라간다. 중간에 다른 공부를 하겠다고 휴학을 했지만 1년 후 복학했다. 누구도 아이의 선택을 두고 왈가왈부하지 않았다. 직진할 수 있는 길을 일부러 돌아가려 했을 때 아무도 말리지 않았던 것은 그를 믿었기 때문이다. 자신의 일은 누구보다도 철저하게 잘해왔던 아이였기에 이번에도 기다려주기로 한 것이었다. 한번 아팠던 아이는 그것으로부터 벗어나는 법을 배웠다. 도전에 실패하고도 웃을 수 있는 여유를 얻었다. 그런 아이가 나는 멋져보였다. 김난도 교수는 청춘들에게서 이런 점을 보려했을 것이다.

  누구에게나 실패와 상실의 경험이 있다. 그런 경험을 가진 사람들은 레질리언스를 통해 더 크게 성공할 수 있다. 아니 크게 성공하지 못해도 괜찮다. 행복할 만큼만 성공해도 된다. 조금 실패했더라도, 살면서 약간 실수를 했더라도 그 실패와 실수를 대범하게 안아주며 괜찮다고 말해주고 싶다. 더는 아프지 말자고 청춘의 등을 다독여주고 싶다.

미련한 완주

 마라톤을 시작하고 2년쯤 되던 해였다. 웬만한 거리는 내가 정해놓은 시간 안에 들어올 수 있으며 기록을 어느 정도 앞당길 수도 있다는 자신감이 생겼다. 초보자들이 시시해 보이기도 했고 건강한 몸과 날렵함을 과시할 셈으로 운동복에도 신경을 쓰던 즈음, 남양주에서 대회가 열렸다.
 종합운동장을 출발해 남한강을 끼고 달리다가 팔당대교를 돌아서 들어오는 하프코스였다. 만반의 준비를 마친 러너들이 준비운동에 한창이었다. 함께 참가한 동호회 회원들과 몸을 풀고 출발선 위에 섰다. 컨디션은 좋은 편이었다. 이대로라면 기록을 단축할 수도 있지 싶었다. 그런데 출발한 지 얼마 되지 않아 숨이 차올랐다. 의욕이 앞선 나머지 오버페이스를 한 것이다. 뒤로 처져서 속도를 조절해보려 애를 썼지만 마음뿐이었다. 몸은 이미 내가 원하는 대로 움직여주지 않았다. 하지만 포기란 있을 수 없는 일이었다. 고비가 올 때마다 생각의 방향을 바꾸곤 했다. 일부러 여유 있는 자의 모습을 보이고 생활 속에서 가장 편안했던 때를 떠올리며 안간힘을 썼다.

반환점은 아직도 멀었는데 선두에 섰던 러너들이 들어오고 있었다. 그들 중 한 회원이 나를 보며 손을 흔들었다.

"복용 씨, 얼른 달려요. 빨리 뛰고 쉬어야지, 그렇게 달려서 오늘 안에 들어올 수 있겠어?"

반환점을 돌아 5km쯤 달렸을 때, 다리에 신호가 왔다. 종아리 뒤쪽이 뭉치기 시작하더니 삽시간에 통증이 대퇴부를 타고 나선형으로 치고 올라왔다. 한 발짝이라도 더 떼면 그대로 고꾸라질 것 같았다. 그렇다고 멈출 수는 없었다. 걸으면서 다리를 주물렀다. 허사였다. 결국은 주저앉고 말았다. 내 뒤를 따라오던 이들의 도움을 받아 안전지대로 이동했다. 나는 맨바닥에 누워 그들이 하는 대로 다리를 내맡겼다. 참을 수없는 고통이 이어졌다. 어느 정도 통증이 사라지면 다시 달릴 수 있을 줄 알았지만 더 이상 한 걸음도 옮길 수 없었고 결국 구급차에 올라탔다.

대개 마라톤을 인생에 비유하곤 한다. 달리다 보면 몇 번의 고비를 만나고 포기 직전까지 가기도 한다. 수도 없이 번민해야 하고, 번민의 순간을 넘겼다고 해도 또 다른 고비가 나를 시험한다. 뛰기를 포기하면 당시의 고통에서 벗어날 수 있겠지만 그 순간부터 '포기'는 주홍글씨처럼 나를 따라다니며 괴롭힌다. 인생여정도 마라톤도 중간에 포기했다는 아쉬움이 쉬이 가시지 않는다. 그러고 보면 어떤 결정도 결코 쉬운 일은 아니다.

나는 언제부턴가 글쓰기를 마라톤에 비유하고 있다. 다행히도 나는 마라톤이나 글쓰기에서 취해야 할 나의 페이스를 잘 알고 있는 편이다. 절대로 서둘러서는 안 된다는 것. 준비운동을 제대로 하고 속력을 내기에 앞서 욕심을 부리지 않는다는 것. 경기 전에 충분하게 연습을 해두어야 한다는 것. 무엇보다도 중요한 것은 순위나 기록에 연연하지 않는다는 것이다.

J는 나의 문학도반이다. 같은 연도에 등단했지만 그녀는 무엇에서든 나보다 앞섰다. 외모도, 내면도, 글을 쓰는 재주도 늘 저만치 앞서갔다. 나는 종종 그녀의 걸음걸이를 흉내 내고 싶어 했다. 하지만 잘 되지 않았다. 언제나 그녀는 무슨 일에서든 자신감을 잃고 있는 나를 압도하며 앞서 나갔다. 부러움만 커갈 뿐이었다.

그녀는 거침이 없었다. 자기표현에 당당하고 자기가 한 말이나 행동에 확신을 가진 눈빛이었다. 그녀는 늘 한 발짝쯤 내 앞에 서서 손을 내밀고 있었지만 얼마 안 가 나와 거리가 생기기 시작했다. J는 뒤처진 나를 향해 끊임없이 손짓했다. 하지만 그녀를 따라잡기에는 거리가 너무 벌어져 있다는 것을 느꼈다. 내가 더딘 발걸음을 추스르는 동안 그녀는 내 시선이 닿지 않는 모퉁이를 돌고 반환점을 지나 한참을 앞서서 달려가고 있었다.

　이런저런 핑계로 2년 넘게 수필쓰기와 담을 쌓고 관심을 다른 데 두고 있었다. 수필과 관련된 일에는 눈과 귀를 막았다. 의식적으로 글쓰기를 멀리했고 시간이 나면 차라리 음악을 들었다. 꽃 일에 몰두했고 친구를 만나는 일에 치중했다. 그렇게 몸이 글쓰기를 떠나 현실 속으로 안주해간다고 느낄 즈음, 의정부에 사는 K선생이 누군가에게 보여줄 것이라며 내게 글 몇 편을 이메일로 보내라는 연락을 해왔다. 내게 글이 있기는 했던가. 글을 달란다고 내줄 수 있으려나. 꾸물거리는 나를 그가 재촉했다. 나는 그에게 등단작과 발표작, 그리고 오래 전 써놓고 발표하지 않은 글을 보냈다.
　나는 예나 지금이나 글재주도 부족하고 글을 쓰기 위해 준비된 소양이 모자라서 스스로 생각하기에도 딱할 때가 많다. 다른 사람들의 작품을 보면서 얼마나 위축되었던지, 이루 말로 다할 수가 없다. 글이란 게 각자 자기만의 색깔이 있는 거 아니냐고 나를 다독이고 위로해 봐도 소용없었다. 그 목마름을 채워줄 만한 우물을 어디에서도 찾을 수 없었다. 그런데 내가 찾던 우물을 K선생을 통해 의외로 가까운 곳에서 만났다. 한참을 그 자리에서 나아가지 못하고 뒤뚱거려도 그분은 재촉하지 않았다.

예전부터 나의 주법을 알고 있는 유능한 마라톤 코치처럼. 간혹 발을 헛딛고 넘어져 무릎이 까지면 약을 발라줄 뿐이었다. 왜 그리 더디냐고, 어쩌다 넘어졌느냐고 한 번도 나무란 적이 없었다. 나는 용기를 얻었고 다시 일어나 목적지를 향해 달릴 수 있었다.

힘들 때나 오르막길을 달릴 때는 바닥을 보며 달린다. 까마득히 먼 길은 그것을 의식하는 순간 한 발자국도 옮길 수 없다. 그럴 때는 다 잊고 바닥을 보고 한 발씩 옮기는 것이 나만의 달리기 요령이다. 보폭을 줄이고 속도를 줄이되 걷거나 앉아서 쉬어서는 안 된다. 쉴 때의 달콤함은 잠시다. 힘이 들어도 쉼 없이 달려야 한다. 쉬다가 다시 일어나 뛰는 일은 몇 배의 고통이 뒤따른다. 글쓰기도 그렇다. 뒤뚱거릴지언정 앞으로 꾸준히 나아가야 한다.

시원치 않은 글쓰기가 그나마 나아지긴 했지만 마라톤에서처럼 욕심을 부리지 않으련다. 공부를 더 해야 한다면 할 것이다. 하지만 이 역시 서두르지 않을 것이다. 습득할 수 있는 용량이 정해져 있다면 더 더욱 그리해야 한다. 더딘 사람이란 걸 알기 때문이다. 사람들은 보이지도 않는 완주지점을 밟으려는 나를 미련한 러너라고 할지도 모른다. 하지만 내 방식대로 끈질기게 한 발씩 달려나가 골인선을 밟고 싶다.

지금은 무릎 부상으로 마라톤을 그만두었다. 하지만 마라톤 풀코스를 뛰고 완주지점을 밟는 기분을 글쓰기로나마 다시 느끼고 싶다. 동료들의 응원과 관중석의 박수소리를 온몸으로 듣고 싶기 때문이다. 언젠가 내가 그 지점에 섰을 때는 나의 온몸이 귀가 될 것이다. 나는 거북이러너의 꿈을 버리지 않았다.

비 내리는 거리를 걷다

 창밖이 어둑하다. 단풍이 그 어둑한 기운에 흠뻑 젖어 있다. 모자를 눌러쓰고 산책길에 나선다. 아파트 현관을 벗어나자 보슬비가 내린다. 우산을 챙겨갈까 잠시 망설이다가 그대로 걷는다. 어차피 긴 시간을 작정한 것은 아니다. 종일 집안에 앉아 있자니 갑갑하기도 하고 문득, 바깥을 걷고 싶어졌다.
 서울 변두리 아파트 주변은 언제나처럼 조용하다. 산 밑이고 세대 수가 적은 편이어서 그런지 시끄럽거나 어수선하지 않다. 동네를 걸어도 아는 사람이 없다. 신경 쓸 일이 없어 그저 편안하다. 낙엽을 쓸던 경비아저씨는 내가 누구인지도 모르면서 습관처럼 인사를 한다. 나도 고개를 숙이며 깊이 눌러쓴 모자를 매만진다. 양쪽 길가에 주차된 자동차 위로 단풍잎이 뚝, 뚝, 떨어진다.

수락산역 쪽으로 방향을 잡는다. 아파트단지를 벗어나 초등학교 울타리를 따라 2백여 미터 걷다보면 수락산 등산로로 향하는 길이다. 나는 그 길 반대편을 따라 전철을 타러 가곤 한다. 이사 와 한동안은 큰길을 이용했다. 살면서 지름길을 알게 되었고, 웬만하면 그 길로 다닌다.

　시간을 정한 산책이 아니어서 걸음을 재촉할 필요가 없다. 돌아오는 시간도 내 마음이다. 천천히 골목을 지나며 주변을 둘러본다. 파란 지붕 집은 아직 감을 따지 않았다. 정원을 가득 메운 감나무. 소담스런 감이 주렁주렁 달렸다. 그 길을 오가며 이제나 저제나 감 따는 날을 기다렸다. 사다리를 받치지 않고는 절반도 딸 수 없을 만큼 나무는 지붕을 훌쩍 넘어섰다. 이대로라면 겨울이 올 때까지 감을 딸 수 없을 것이다.

　주택가 어린이집 앞 정원에 심어놓은 비트가 제법 모양새를 갖췄다. 세 개씩 심어놓은 비트는 두 개의 길쭉한 사각 화분에서 살을 찌우고 있다. 그곳을 오갈 때마다 앙증맞은 비트는 나를 웃게 한다. 흙을 밀고 올라오는 비트를 바라보며 아침마다 까르르 웃는 아이들 모습을 상상해본다. 굵은 이파리 사이로 연이어 피어나는 새로운 이파리를 고사리 손가락으로 세는 모습을 보는 재미도 쏠쏠할 것이다. 가까이 다가가 통통하게 살이 오른 비트를 만져보고 싶지만 꾹 참는다. 몰래 뽑아가는 양심 없는 아줌마로 오해받기 싫어서다. 그저 걸음을 멈추고 거리를 둔 채 잠깐씩 바라본다.

엊그제 문을 연 카페는 손님이 한 명도 없다. 주인만이 분주히 주방을 오간다. 건물 하나에 카페 하나가 법칙이라도 되는 양 우후죽순처럼 카페가 늘고 있다. 그런데도 빈자리가 없을 정도로 성황이다. 저 집도 방금 한 무리의 손님이 빠져나간 다음이리라. 기회를 만들어 꼭 한번 들어가 보고 싶은 막창집은 초저녁부터 만원이다. 막창 굽는 냄새가 아직 저녁식사 전인 내 위장을 유혹한다. 조만간 친구들과 빙 둘러앉아 소주 한 병 마시고 싶다는 생각을 해본다. 그 옆 편의점은 한산하고, 군데군데 술집은 음악 소리와 이른 술꾼들로 북적거린다.

모두들 열심히 산다. 일터가 있다는 것은 살아야 할 이유이다. 희망이 있다는 것이고 도달해야 할 목적지가 있다는 증거이다. 일을 놓은 지 일 년이 넘은 나에겐 벌써 까마득한 옛이야기가 되어버렸다. 그나마 얼마의 일감을 챙겨온 것이 다행이라면 다행이다.

빗줄기가 눈에 띄게 굵어졌다. 우산을 쓴 사람들이 나를 스쳐 지나간다. 오늘이 입동이라며 처마 밑에 서서 담배에 불을 붙이는 남자가 힐끗 나를 쳐다본다. 남자 옆에 선 여자도 나를 안타까운 듯 건너다본다. 내가 그대로 걸음을 멈추면 손짓이라도 할 기세다. 저들은 나의 무엇을 보았을까. 검정색 트레이닝에 감색 잠바, 넓적한 운동화에 깊이 눌러쓴 모자. 거기에 표정을 짐작할 수 없는 눈빛이 수상했던 것일까? 가만 보니 그들의 옷차림도 나와 다르지 않다. '사는 거 별 거 없다'라고 말하는 듯한 표정이다. 나는 모른 척 걷는다. 그들이 내뿜는 담배냄새가 구수하다는 생각을 하면서 모퉁이를 돌았다. 끈질기게 따라붙는 담배냄새가 낙엽냄새 같다는 생각이 잠깐 들었다. 그리고 문득, 아궁이에 장작불을 지피고 싶어졌다. 오래 전 이 때쯤이면 따끈따끈한 우리 집 안방 아랫목에 온 가족이 둘러앉아 저녁밥을 먹었다. 웃음소리도 말소리도 없었지만 세상에서 가장 따뜻하고 행복한 밥상이었다. 어느새 그 밥상머리에 둘러앉았던 우리들은 뿔뿔이 흩어져 하루살이에 여념이 없다. 담배냄새가 왜 장작불을 연상케 하고, 따뜻한 안방 구들을 생각나게 하고, 사랑하는 피붙이들을 데려왔는지 모르겠다. 하여간 그 담배냄새는 잘 익은 낙엽냄새처럼 구수하게 느껴졌다.

은행 카드기기 앞에 선다. 대출이자 나가는 날이라는 문자 메시지를 방금 받았다. 아니다. 아침에 온 문자를 저녁때에야 확인한 것이다. 원금과 이자를 합한 금액이 237,290원. 종일 나는 무얼 하느라 전화기를 들여다보지도 못했나. 눈앞이 흐리다. 돋보기를 놓고 나왔다. 더듬거리며 숫자를 익히고 계좌를 눌러 송금한다. 돈이 빠져나가고, 빠졌다는 알림소리가 들리고, 잔고 얼마라는 문자 메시지가 또 뜬다. 오랜만에 잔고를 확인하면서 한숨을 내쉰다.

언제부턴가 나는 통장잔고 확인을 하지 않는다. 쌓이지는 않고 빠져만 나가니 확인하는 게 불안했다. 처음에는 가슴이 쓰렸다. 분명 내가 사용한 내용이 청구서가 되어 날아와 통장의 돈을 약속된 날짜에 빼내가는 건데, 도둑맞은 것 같은 기분이 들어 싫어졌다. 그러든 말든 기계는 한 치의 오차 없이 일 원 단위까지 챙긴다.

어물쩍 대충 살아온 나는 자로 잰 듯 정확한 요즘 생활에 숨통이 조인다. 정확하다는 것은 빤하다는 것이다. 나는 이제 앞으로 나아가는 심적 속도가 한심할 정도로 느려졌다는 것을 알았다. 뒤를 돌아보면 지나온 시간이 어처구니없이 길게 늘어섰다. 길은 비비 꼬여 있다. 모두 쓸데없는 소모의 흔적이며 지울 수 없는 자국이다. 내가 원한 것도, 그렇다고 누군가에 의한 것도 아니었다. 어디서부터 꼬인 길인지 짐작할 수 없다. 마음에 들지 않은 길이지만 되돌아가 제대로 다시 걸어보고 싶다는 생각은 추호도 없다. 그리 사느니, 차라리 지금을 정리하고 싶은 생각이 간절해진다.

자살은 죄악이라 했지만, 굳이 그리 해석할 일도 아니지 싶다. 정말 아닐 때는 그것도 하나의 방법일 터이다. 아쿠타가와 류노스케처럼은 아니더라도 나는 나의 자살을 설계해도 좋겠다고 생각하는 중이다. 더 이상 희망이 보이지 않는다면 그런 생각을 해도 괜찮다는 신호라고 본다.

비가 그쳤다. 집으로 돌아가는 길이다. 생각보다 빠른 귀가다. 무엇 하나도 정리되지 않았지만 아무 일 없었다는 듯, 무표정이다. 하지만 나는 다시 로시난테가 되어 그래도 살아야 할 내일을 향해 돌진할 것이다.

철학을 공부하는 한 가지 방법

 기독교인은 성경을 필사하고 작가지망생과 초보작가들은 문학작품을 필사한다. 성경말씀을 바로 알기 위해 필사하는 것이며 문학작품의 본뜻과 흐름을 깊이 이해하기 위해 필사한다. 나도 그랬고, 요즘도 가끔 필요에 의해 필사한다. 최근에는 K선생으로부터 제안을 받아 G. E. 무어(1873~1958)의 《윤리학 원리》를 필사했다. 나에게는 행운이었고 새로운 전기였다. 이 책은 K선생의 스승인 정석해(1899~1996) 교수가 1950년대에 번역한 철학서로, 다시 출판하기 위해 한글 파일로 만드는 일을 내가 맡은 것이었다.

 무어는 비트겐슈타인(1889~1951)의 케임브리지대학교 박사학위 논문 심사위원이었다. 그는 "내 스스로 이 천재다운 연구를 검토하였고 내가 이것을 완전히 이해하지 못한다고 하더라도 논고가 철학박사 학위를 받기에 충분하다는 점은 명백하다."고 했다. 그가 제출한 심사보고서는 매우 솔직하고 감동적이었다. 나는 무어가 1939년 케임브리지대학교 교수에서 퇴임하면서 그 자리를 비트겐슈타인에게 물려주었다는 것은 다른 글을 통해 읽었지만 그의 저서를 직접 대면하기는 이번이 처음이었다.

400페이지짜리 철학 서적을 타이핑하는 일은 여러 가지로 어려웠다. 무엇보다도 이 책의 번역자가 19세기 말에 출생해 20세기 전반부의 언어를 사용한 분이니 오늘날 우리들 언어와 다른 점이 많았다. 우리말이 지난 반세기 동안 이렇게 바뀌었나 하고 스스로도 새삼 놀라웠다. 게다가 원서 번역본이기에 그 안에 들어 있는 내용을 제대로 이해하지 못하는 데에서 오는 갑갑함도 컸다. 서문부터가 그랬다. 무어가 말한 "문제의 초점을 명백하게 정해놓으면 그 문제를 해결하기가 쉬운 경우가 많으리라고 나는 생각한다."는 부분은 어슴푸레 이해가 됐다. 그러나 그 다음 문장, "(1) 어떤 종류의 사물이 그 자체를 위해서 존재해야 하는가? (2) 우리는 어떤 종류의 행위를 해야 하는가?"는 이해가 불가능했다. 사물이 그 자체를 위해 존재해야 하는가라는 물음은 물음 자체가 해독되지 않았고, 어떤 종류의 행위를 해야 하는가는 상식적인 질문 같은데 무어가 그런 상식적인 질문을 하지는 않았을 것 같았다.

K선생을 만났을 때 물어보았다. 그는 한국에서 무어의《윤

리학 원리》을 통째로 읽은 사람은 쉰 명이 안 될 거라며 아주 엉뚱한 대답을 내놓았다. 한술 더 떠 내가 그 쉰 명 안에 들어간다며 자부심을 가져도 좋다고 했다. 질문에 대한 설명을 해 달라고 했지만 나중에 알게 될 거라며 딴전을 피웠다. K선생은 평소에도 이런 동문서답을 잘한다. 하여 새삼스러울 것도 없었지만, 이 말은 나에게 새로운 자극을 주었다. 그래서 나는 타이핑을 하면서 무어의 이 책을 이해하려는 발칙한 시도를 하게 되었다.

철학사에서 분석윤리학의 효시로 알려진 《윤리학 원리》는 G. E. 무어가 서른 살이던 1903년에 출간한 책으로 그는 "선善이란 무엇인가?"를 계속해서 질문한다. 무어는 윤리학적 물음을 크게 두 가지로 보는데 그 하나가 본래 선에 관한 물음이고 나머지 하나는 윤리적 행위와 도덕적 의무가 무엇인가에 대한 것이다. 전자는 존재하는 대상이 무엇인가를 묻는 것이고 후자는 무엇을 해야 하는가를 묻는 것이다. 무어는 본래의 선을 묻는 것이 윤리적 행위와 도덕적 의무가 무엇인가에 대한 물음보다 논리적으로 선행되어야 한다고 지적했다. 또한 철학자들이 물음에 대한 대답에 급급했지 그 질문의 뜻이 무엇인지 의미를 규명하려하지 않는 것에 대해 비판했다. 나아가 그는 이 두 물음을 철학적으로 분석하였다.

무어는 아리스토텔레스를 비판하면서 습관적이고 본능적인 정도의 내용밖에 내포하지 않는 미덕을 두고 그 자체를 '선'이라고 말하는 것은 매우 불합리하다고 말했다. 칸트에게도 호의적이지 않았는데, 아마도 증명되지 않고 관념으로만 존재하는 형이상학에 기준을 두고 우리의 윤리적 행위를 판단할 수 없다는 뜻 같았다. 나로선 무어가 뜬구름 잡는 형이상학을 싫어하는 것으로 이해됐다. 나의 질문에 K선생은, 무어는 칸트식의 관념론을 비판하는데 그것이 분석철학과 언어철학의 시초가 되었다고 말했다. 그러면서 파르메니데스가 '존재와 사유의 일치'를 말했고, 분석철학과 언어철학의 입장에서 보면 형이상학이 존재에 일치하지 않는 사유를 만들어내기 시작했고, 그것을 두고 비트겐슈타인이 《논리철학논고》의 마무리에서 "말할 수 없는 것에 대해서는 침묵해야 한다."라고 쓴 이유라고도 했다.

사실 내가 철학에 대해서 들은 것은 철학개론이 전부였고, 그때 나는 철학이 무엇인지도 이해하지 못했다. 그나마 최근 들어 K선생이 함께 문학을 하는 작가들에게 일주일에 한번 철학세미나를 하는 곳에서 주워들은 게 전부였다. 신기한 것은, 처음 세미나를 접할 때는 아무리 K선생이 쉽게 말해도 돌아서면 잊어버리곤 했는데 여섯 달 정도가 지나다보니 무슨 이야기인지 대충 감이 오기 시작했다는 사실이었다. 꼭 낙수가 바위를 뚫는 격이라고나 할까. 그런데 신기하게도 무어의 책을 타이핑하면서는 수업에서 들은 내용들이 일부 되새김되기 시작했다는 것이다.

더욱이 이 책을 타이핑하는 중에 관여 선생님의 수필에서 '몽테뉴'에 대한 글을 읽었는데, 몽테뉴가 했던 비슷한 말이 무어에게서도 발견되었다. 몽테뉴는 삶의 지혜는 결국 '즐기자, 떳떳하게 즐기자'에 있다고 주장하는데, 무어가 소개하는 J. S. 밀의 '쾌락만이 욕망되는 것', 시즈윅의 '인간 존재를 떠난 것들은 선일 수가 없다', 그리고 무어의 '도덕을 실천하려는 무의식적 습관은 가장 일반적인 형태인데, 이에는 아무런 본질적 가치도 없는 것이다'라는 주장들과 연결되는 것으로 이해되었다. 물론 무어는 《윤리학 원리》에서 몽테뉴라는 이름을 적지는 않았다. 그렇지만 몽테뉴의 생각을 무어에게서 발견한 것이 나로선 믿기지 않았고 몽테뉴의 말을 무어에게서 발견한 것 또한 믿기지 않았다. 즐김·쾌락·선·습관 등이 연상되는 것이 무엇보다 신기했다.

K선생은 서양철학에서는 철학사를 알아야 철학을 하는 게 가능하다고 한다. 왜냐하면 서양의 철학자들은 일반적으로 이전 철학자들의 주장과 이론을 비판하면서 자신의 철학이론을 세운다는 것이다. 그러면서 그는 철학 원서 스무 권을 정독하면 철학사를 이해하고 철학자가 될 수 있다는 말도 안 되는 말을 했다. 게다가 철학은 모르고 사는 게 더 행복할 수 있으니 타이핑만 하고 내용을 알려고 하지 말라는 말까지 덧붙였다.

나는 그 말을 듣고 오기가 생겨 무모한 도전을 해보자는 용기를 가졌다. 따지지 말고 번역된 철학 원서 스무 권만 읽어보자는 것이었다. 이왕이면 사람들이 성경을 손으로 쓰고 문학 작품을 필사하듯이 철학 원서를 직접 타이핑하는 방법을 선택했다. 때마침 K선생은 《윤리학 원리》 후속으로 베르그송의 《시간과 자유 의지》의 타이핑을 맡겼다. 나는 지금 이 책을 타이핑하고 있다. 그냥 타이핑이 아니라 내가 읽어야 할 철학 원서 스무 권 중 두 번째 책을 읽는 중이다. 간간이 공책에 옮겨 적는 일은 덤으로 따라 붙는 즐거움이다. 나는 나름대로 철학하는 방법을 발견한 셈이다.

부끄러운 고백인데, 철학공부를 하면서 체계가 갖춰지지 않아 늘 목이 말랐다. 철학자들의 생몰조차 익혀지지 않아 우왕좌왕했다. 그들의 주장이 헷갈리는 것은 당연했다. 그런 중에 K선생의 제안은 오랜 가뭄에 단비와도 같았다. 이런 것이 아니더라도 그는 가끔 나를 설레게 했다. 공부를 싫어하는 나에게 어떤 식으로든 자극을 주었다. 도움이 될 만한 책을 택배로 보내주는 일은 벌써 오래 전부터 이어졌다. 천천히 한 권씩 읽어가라는 것이었다. 하지만 철학사를 꿰기에는 많은 시간이 필요하므로 전에 없이 마음이 급해졌다. 서두른다고 될 일이 아니란 것을 알았기에 그가 권하는 책부터 천천히 필사하기로 했다. 본격적인 공부는 그 다음에 해도 늦지 않을 터였다.

관여 선생님은 꼭 연필로 원고를 쓰신다. 원고를 쓰기 전에 여러 개의 연필을 손수 깎아 연필통에 꽂아놓고 집필에 들어간다. 남들은 컴퓨터를 이용해 편하게 원고를 쓰는데 굳이 육필을 고집하는 이유가 궁금했다. "연필로 쓰면 내가 써야 할 내용이 그대로 손끝으로 전해진다."고 하셨다. 어떤 글을 써도 몇 권의 책을 읽은 후에야 집필에 들어가는 분이다. 독서를 하면서 독서노트에 적었던 내용을 다시 원고지에 옮길 때는 그 내용이 손끝으로 전해져 그대로 적어지더라는 말씀을 여러 번 들었다. 머리가 기억해 주고 손이 따라 써졌다는 말인데, 원고를 보지 않고도 그 내용을 술술 풀어내는 이유가 거기 있었다. 타이핑은 옮길 때 뿐 지나가면 그만이라며 연필로 직접 옮겨 적는 장점을 말씀하셨다. 그런데 나의 경우 손으로 옮긴다 해서 오래 가는 것도 아니었다. 내가 좋아하는 작가의 작품을 몇 차례 필사한 적이 있지만 그뿐이지 그분처럼 술술 끄집어내지는 않았다. 그대로 말하기는커녕, 그 내용조차 누군가에게 제대로 전달하지 못해 전전긍긍했다. 그러니 타이핑하는 것으로라도 위안을 삼아볼까 하는 것이다. 이렇게라도 할 수 있다는 것이 다행이고 스스로 대견스럽다.

베르그송이 끝나면 어느 철학자가 나를 기다리고 있을지 벌써부터 궁금해진다.

꽃을 자르다

 꽃바구니 주문을 받았다. 되도록 화사하게 만들어 달라는 주문이었다. 바구니에 플로랄 폼을 붙이고 손질한 장미 줄기를 알맞게 잘라 꽂는다. 커버넷이라 불리는 빨간색 장미는 그 향이 짙고 화형이 좋아 개인적으로 선호하는 종이다. 흰색과 분홍색이 어우러진 아쿠아는 올 여름 내내 내가 즐겨 쓴 장미다. 장미로 꽃바구니의 전체적인 모양을 잡고 소국 종류인 금수와 풍퐁, 앙증맞은 엔젤 카네이션을 사이사이 채우면 어느 정도 바구니가 완성된다. 마무리는 편백이나 노무라 등 녹색 잎 소재로 한다.

 꽃을 다루는 일을 한 지도 벌써 15년이 넘었다. 처음, 아무것도 모른 채 무턱대고 시작하여 1년도 안 되어 투자한 돈을 몽땅 날려버렸다. 너무 쉽게 생각한 탓이다. 턱없이 부족한 실력을 절실히 느끼고 창업 과정과 꽃꽂이 전문 과정을 공부하였다. 1년 후 장소를 이곳 남면 신산리로 옮겨 다시 꽃가게를 열었다. 쉬는 날을 정해 공부를 계속했다. 둘째형부와 언니의 도움으로 가게는 날로 번창하였다. 사람의 욕심이란 게 한도 끝도 없다더니 꼭 나를 두고 한 말 같았다. 분점을 내고 싶어졌다. 분점을 내면 성공할 것 같았다. 형제들은 나를 '밀어붙이기 대장'이라고 걱정하며 욕심 부리지 말고 지금 하는 곳이나 잘 관리하라고 했다. 하지만 이 사람, 말 저 사람 말을 들으며 머뭇거리다가는 내게 온 기회를 놓쳐버리고, 가버린 기회는 영영 돌아오지 않을 것만 같았다. 확신이 들자 조바심이 났다.

그동안 모은 돈과 거래 은행에서 대출을 받아 양주시청 앞에 120평가량의 땅을 얻어 화원 공사를 시작하였다. 통장의 돈이 줄어드는 만큼 화원의 모습이 갖춰지고 있었다. 신이 났다. 공사가 거의 마무리 될 무렵 꽃시장에서 1.5톤 트럭 다섯 대 분의 상품을 구입해 진열을 시작했다. 아무리 생각해보아도 자신이 대견스러웠다. 혼자서 이 큰 일을 해낸 것이다. 누군가는 내게 작은 거인이라고 했다. 그 말이 듣기에 나쁘지 않았다.

술술 잘 풀릴 줄 알았던 분점은 반년도 채 못가 경영 부실로 점점 기울기 시작했다. 일 년 반 만에 다른 이에게 넘겼다. 시작할 때 좋았던 기분보다 몇 백 배의 쓰라림이 있었으나 별 도리가 없었다. 그나마 손해를 조금이라도 줄이려면 더 늦기 전에 처분해야 옳았다. 주위에서 나의 무능을 손가락질하는 것만 같았다. 통장을 꺼내보았다. 바닥이 보였다. 숨이 막혀왔다. 만져보지도 못한 돈이 다시는 돌아올 수 없는 곳으로 야금야금 빠져나갔다. 얼마 안 되는 통장 잔고가 나를 점점 불안하게 했다.

벌써 7년 전 일이다. 남의 농장이 되어버린 곳을 지날 일이 있으면 애써 외면하거나 멀리 돌아서 다닌다. 잊은 줄 알았는데 내 가슴 한 구석에는 여전히 아쉬움이 남아 있다. 이것도 욕심일까. 버릴 것은 미련 없이 버려야 하고 포기할 것은 빨리 포기해야 하건만, 더 이상 내 것도 아닌 것을 가지고 볼 때마다, 생각날 때마다 끙끙대는 꼴이라니. 한심하기 짝이 없다.

리본에 축하 말을 써서 바구니에 달았다. 약속한 시간이 지났다. 손님이 늦으려나 보다. 창밖에는 가을이 짙어간다. 바람이 불 때마다 노란 은행잎이 일시에 우수수 떨어진다. 하늘은 한바탕 비를 쏟아낼 것같이 잔뜩 흐려 있다. 은행잎이 지고 지루한 겨울이 지나면 다시 새순이 돋듯 내게 생긴 상처도 아물 날이 오려나.

아무렴, 나는 아직 좋은 나이이고 해야 할 일이 많다. 동네의 칠십 넘은 할머니의 살아가는 이야기를 들어야 하고 그 할머니가 가져다주는 꽃씨를 보관해야 한다. 꽃꽂이 하는 나를 보고 멀쩡한 꽃을 댕강댕강 잘라낸다며 잔인하다고 말하는 거래처 사장님의 짓궂은 핀잔도 들어야 한다. 겨울을 잘 나기 위해 부지런을 떨어야 하며 내년 봄에는 올해보다 더 나은 화원의 마당 가꾸기를 위한 계획을 세워야 한다.

꽃을 자르는 나를 잔인하게 보는 이도 있지만 나는 꽃을 자르며 미련을 버리고 포기할 줄 아는 방법을 배우고 있다. 잘릴 만큼 잘려 나가야 제대로 된 작품이 완성된다면 그러지 못할 이유도 없다.

작업대 위에 놓인 꽃바구니가 나를 보고 웃는다.

멋진 놈, 굿바이

언제 들어온 것일까.

거미 한 마리가 운전석 앞 핸들 너머를 유유히 거닐고 있었다. 자동차 색과 흡사해 움직임이 없었다면 무심코 지나칠 뻔했다. 몸의 크기는 콩알만 한 녀석이 어슬렁거릴 때면 여간 신경이 거슬리는 게 아니었다. 제법 살이 올랐다. 볼록한 배를 두른 여덟 개의 다리가 쉴 새 없이 꼼지락거렸다. 운전을 멈추고 녀석의 동선을 살폈다. 나의 시선엔 아랑곳없이 잰걸음으로 앞쪽 통유리를 향해 직진 중이었다.

그날부터 나는 거미와 함께 산다. 독충일 거라는 생각이 미치면 금방이라도 죽이거나 도망치고 싶지만 녀석은 나를 무시하는 건지 경계심이 전혀 없어 보인다. 처음 마주쳤을 때처럼 제 갈 길을 향해 바삐 움직일 뿐이다. 내가 잠시 다른 생각을 하는 사이 거미는 앞 유리 틈바구니로 사라졌다.

꽃시장에서 자재나 화분 사이에 끼어 들어왔을 가능성이 높다. 놈의 몸은 날이 갈수록 날렵해져서 생각지도 않은 곳에서 얼굴을 내밀곤 한다. 놀랍긴 하지만 거미를 밖으로 내보내야겠다는 생각은 하지 못했다. 거미를 죽이면 재수가 없으니 되도록 거미 몸이 상하지 않게 밖으로 내버리라던 동생의 말이 생각났다. 그는 방에 거미가 들어오면 쓰레받기로 떠서 밖에 내놓는다고 했다. 밖에 거미줄이 늘어져 있어도 살충제를 뿌린다거나 그것을 떼 내어 죽이지 않고 빗자루로 걷어내 바닥에 툭툭 털어낸단다. 그렇게 하면 거미는 다른 곳으로 줄행랑을 치게 되어 있다나. 그런데 차 안의 거미는 나의 움직임이 포착되면 행동이 더욱 빨라져서 어떤 식으로든 쉽게 잡힐 것 같지 않았다.

한 달쯤이나 지났을까, 거미를 향한 경계심이 어느 정도 풀렸다. 무섭다거나 징그럽다는 생각이 들지 않고 오히려 놈이 보이지 않으면 어디에 숨어 있는지, 무엇을 하는지 궁금해졌다. 어디선가 생각지도 않게 모습을 내보이면 반가움에 절로 웃음이 나왔다. 무엇을 먹고 사는지 뜨거운 한낮에 문이 닫힌 자동차 안에서 어찌 견디는지 도리어 걱정까지 되었다.

한때 렌즈 만드는 기술자였던 스피노자는 안경알을 다듬다 무료해지면 두 마리의 거미를 잡아놓고 싸움을 시켰다 한다. 어느 놈이 이기는지 지켜보며 킬킬, 웃어젖혔을 그를 상상해본

멋진 놈, 굿바이 199

다. 창밖에서 스피노자의 모습을 지켜보는 이가 있었다면 아마도 제정신을 놓아버린 사람쯤으로 여겼으리라. 싸움시킬 상대 거미를 대동하지는 않았지만 나도 놈을 한동안 노려보며 그의 동선을 따라갔다. 거미는 여전히 나를 무시한 채 자신만의 방식대로 쉴 새 없이 움직였다. 한 공간에 오래 있었으니 무료할 만도 하겠건만, 처해진 공간 안에서 움직임을 멈추지 않았다.

　나도 거미와 별반 다를 바 없다는 생각이 들었다. 거미처럼 종일 분주한 나를 본다. 양주시 일대를 자동차로 훑고 다니며 배달을 할 때도 있고 화원을 알리기 위해 고객을 찾아다니기도 한다. 때론 계절에 맞춰 나온 꽃을 거래처에 선물하는가 하면, 고객관리를 위해 특별한 일 없이도 차 한 잔 마시러 방문하기도 한다. 어쩌다 일감이 생기면 그 자리에서 온종일 집중하기도 하고, 그나마 주문이 없으면 비좁은 화원 안에서 꽃을 다듬거나 분갈이를 하거나 물품을 정리한다.

　이제는 장사가 좀 안 되도 남의 시선에 신경 쓰지 않는다. 내가 누구를 만나고 어떤 놀이를 즐기며 무엇을 먹는지 남에게 보일 필요도 없다. 얼마를 받고 어떤 꽃을 팔며 이윤을 얼마나 남기는지도 중요하지 않다. 내 일이어서 하는 것이고 내가 할 수 있는 일이니 묵묵히, 때론 분주하게 움직일 따름이다. 내가 남을 의식하지 않는 것처럼 남들도 나를 유심히 바라보지 않기 때문이다. 그저 하루하루 최선을 다해 시간을 보낸다. 계획적이지도 않고 특별할 것도 없는 나의 생활이지만 나에게는 늘 최선이었다고 말할 수 있다. 이제야 어떻게 살아야 하는지를 어렴풋이나마 알 것도 같다.

주문 전화를 받았다. 바구니 모양의 화기에 심은 산세베리아를 자동차 조수석 바닥에 싣는다. 가을이라고는 하나 아직도 낮에는 뜨겁다. 시동을 켜고 에어컨버튼을 누른다. 라디오도 켠다. 라디오에서 흐르는 음악을 따라 핸들을 잡은 손가락이 리듬을 탄다. 출발하고 얼마 안 있어 CD플레이어 안에서 거미가 기어 나왔다.

나는 갓길에 차를 세웠다. 추석 연휴 동안 생각에서조차 멀어졌던 거미를 사진기에 담아두고 싶어서였다. 렌즈 속 거미는 어느새 이 공간에 적응이 된 듯 느긋해보였다. 하지만 셔터를 누르려할 때마다 좀처럼 기회를 주지 않았다. 거미는 앞좌석 중앙의 에어컨 바람이 나오는 부분에서 새가 날듯이 껑충 뛰어 건너편으로 이동했다. 다시 조수석 끄트머리 쪽으로 방향을 잡는가 싶더니 캐비닛 쪽 끝에 닿은 산세베리아 화분으로 날아올랐다. 그때 나는 화분 손잡이 중앙에 당당히 서 있는 검劍을 찬 용맹스런 한 마리 거미와 마주했다.

그는 '어린왕자'의 모습 그대로 오른손은 허리에 얹고 왼손에 칼을 든 채로 그의 친구인 여우에게 하듯 나를 건너다보았다. 몇 분인가를 그 자리에서 도통 움직이지 않았다. 멋진 모습을 위해 포즈를 취한 것처럼 보였다. 내가 셔터를 누르기 위해 사진기를 화분 가까이로 가져갔을 때 거미는 산세베리아의 긴 잎에서 미끄럼 타듯 화분 안으로 사라져버렸다. 나는 산세베리아 잎을 뒤적이며 구석구석을 살폈다. 그런데 거미는 보이지 않았다.

화분을 건네고 나오면서 왠지 마음이 허전했다. 그를 그대로 떠나보낸 것이 못내 아쉬웠다. 하지만 어쩌면 잘된 일인지도 모른다. 내가 부르지 않았는데 그가 왔고 보내려하지 않았지만 그가 순식간에 훌쩍 떠났다. 그것이 그놈의 인사법이었나 보다. 화분에 실려 왔든, 다른 경로로 왔던 간에 한 달여 이곳에 둥지를 틀었던 녀석. 차 안에 머물든 밖으로 나가든 그것도 그의 몫이었다.

거미는 이제 자신의 거처를 옮겼다. 그가 떠남으로써 나의 일상이 지루해진 것은 아니지만 혹여 조금 허전해진다 하더라도 다시 다른 거미를 들인다거나 하지는 않을 것이다. 우연히 시작된 우리의 동거. 연이 다한 시점까지 우리는 비슷한 환경에서 자신의 일에 최선을 다했다. 가끔은 생각이 날 것 같다. 생텍쥐페리의 어린왕자 같은 포즈로 자신의 존재를 한껏 드러내고 사라진 멋진 그 놈.

김미선처럼 사는 법

 김미선이란 이름은 흔하고 흔하다. 인터넷 검색창에 그 이름 석 자를 치면 영화배우, 탤런트, 기업인 등 수많은 김미선을 볼 수 있다. 내가 아는 김미선은 경기도 양주에 거주한다. 그는 나보다 여덟 살 아래로 우리가 알고 지낸 지는 23년째가 된다. 내가 대전에서 올라와 처음으로 경제활동을 할 때였으니 1997년 가을쯤일 게다.

 김미선은 우리 화원에서 가까운 은행에 근무했다. 나중에 알고 보니 둘째형부 조카딸이었다. 우리는 사돈지간이었지만 언니 동생으로 더 가깝게 지냈다. 나는 그에게 신랑감을 소개했고 그들이 결혼하여 아들 둘을 두었다.

 김미선을 보며 그를 닮고 싶다는 생각을 여러 번 했다. 어떤 면으로 보나 김미선은 근사해보였다. 특별히 예쁘지 않았지만 귀염성이 있고, 또래 친구들에 비해 매너가 좋았고, 사교적이었으며 어디서든 똑 부러지는 처신이 눈에 띄었다. 김미선을 닮고 싶은 생각을 처음 한 것은 그가 돌연 은행에 사표를 내고 유럽여행을 떠난 때였다. 한창 유행이던 배낭여행이었다. 짧게는 한 달, 길면 기약할 수 없는 여행이 될 거라고 했다.

한 달을 넘긴 어느 날, 스코틀랜드에서 사왔다며 붉은 바탕에 푸른 체크무늬 머플러를 가지고 그가 나를 찾아왔다. 비쩍 마른 몸으로 화원을 들어서는 김미선을 나는 입을 떡 벌리고 반갑게 안아주었다. 며칠을 우리 집에서 함께 지내며 여행이야기를 들을 때는 나도 김미선과 함께 가난한 여행자가 되었다. 마른 빵을 뜯어먹고 하루 일정이 끝나면 벌레 물리는 값싼 방에서 피곤한 몸을 뉘었다고 한다. 말이 통하지 않아 손짓발짓해가면서 일정을 소화했지만 가야할 곳을 찾아다니며 친구도 사귀었고 사진도 여러 장 남겼다. 어떻게든 소통이 되는 것이 신기했다. '궁하면 통한다'는 말은 신통하게도 맞아떨어졌다.

여행에서 돌아와 그가 영어학원에 등록했을 때 한두 달 하고 말 줄 알았다. 김미선은 의외로 긴 기간을 영어와 마주했다. 애견 미용사가 되었을 때도 새삼스럽기는 마찬가지였다. 그의 선택이 의외여서 주변사람들은 물론 나마저도 놀랐다. 그 좋은 직장을 그만둔 이유를 묻는 것이 아니었다. 애견미용사 자격증을 취득 한 김미선이 틈만 나면 동물보호센터에 드나들었던 것이다. 그 곳에서 유기견들의 털을 깎아주는 그를 보면서 나는 처음으로 삶의 가치에 대해 생각했다. 자기 삶의 가치를 어디에 두느냐는 아주 중요한 일인데, 사람들은 보통 눈에 보이거나 손에 쥐어지는 것에 무게를 둔다. 나 또한 보이는 것에 치중했지 진정한 행복의 가치를 어디에 두어야 할까에 대해 고민하지 못했다. 삶의 가치가 중요하다는 생각을 그때는 아예 하지 않았던 것 같다.

그가 다시 은행으로 돌아갔을 때, 나는 불안했다. 내가 소개한 신랑자리 사업이 신통찮다는 소문이 비슷한 시기에 내 귀에도 닿았던 때문이다. 김미선은 자신이 좋아하는 일을 접고 은행으로 복귀해 안정된 생활을 위한 준비를 했다. 결혼을 그들처럼 계획하고 준비하는 이들은 이전에도 그 후에도 본 적이 없다. 최소한의 경비로 시에서 운영하는 기관에서 전통혼례를 치렀고 살림살이 구입은 재활용센터를 이용했다. 내가 나눠주는 여분의 접시도 반갑게 받아갔다. 남편도 그도 그런 일들이 이상하다고 생각하지 않았다. 중고 세탁기를 얻어와 새 드럼세탁기와 바꾸는 모 가전회사의 이벤트에 당첨됐을 때 김미선은 복권에 당첨된 만큼이나 행복해했다. 예비 신혼부부들이 신상품을 찾아 이리저리 비교하며 팸플릿을 살필 때, 김미선은 알찬 그만의 보금자리를 위해 무엇이 중요한지를 따지고 있었다. 어떤 대단한 물질도 내 것이 되는 순간, 더는 내 것 이상이 되지 않더라는 그의 말은 나에게 새롭게 들렸다.

남편의 사업이 기울면 기우는 대로 새로운 사업을 하면 그런 대로 군말 없이 도움을 주는 김미선을 보면서 퍽이나 무던하다 싶었다. 자신이 말린다고 멈출 남편도 아니고 이왕 하는 거, 같은 편에 서서 응원의 마음이라도 얹어주고 싶다는 것이 김미선의 뜻이었다.

김미선이 두 동생을 챙기면서 "맏이로서 힘이 되고 싶었다."는 말에 나는 고개가 숙여졌다. 그의 듬직한 마음에 나도 모르게 박수가 터져 나왔다. 홀시어머니와 친정부모께도 최선을 다하는 모습을 여러 번 봐왔다. 웃는 얼굴은 김미선의 트레이드마크였다. 웃어야 행복한 것이 아닌, 정말 행복해서 웃는 모습이었다. 나는 알았다. 김미선은 자신에게 닥치는 모든 일들을 회피하려 하지 않았다. 힘들어도 대면하고 헤쳐 나가는 쪽을 기꺼이 택하는 사람이었다.

김미선이 특별한 이유는 이밖에도 여러 면에서 볼 수 있었다. 나는 그로 인해 기부가 무엇인지를 알았다. 우리는 다달이 이름도 얼굴도 모르는 불우한 이웃에게 우유를 나누어주었다. 매월 같은 날에 자동이체가 되는 2만 원은 크게 부담되는 금액이 아니었고 그에 비해 기쁨은 몇 배로 컸다. 김미선을 알고부터 그가 하는 일이나, 그가 권하는 일은 뭐든 따라하려 했다. 그러면 즐거움이 덤으로 되돌아왔다.

김미선은 내 재무를 살펴주기도 한다. 돈을 어떻게 써야 할지 모르는 내게는 고마운 일이다. 현실을 바로보지 못하고 분에 넘치는 생활을 하는 내게 김미선이 일침을 가하는 것은 이상한 일이 아니다. 요즘은 상대가 좋다고 무조건 잘해주는 시대가 아니라는 것도 김미선을 통해 알았다. 좀 더 약게 살 필요가 있다고 했다. 마음에 드는 상대라도 마냥 퍼주기만 하는 시대는 이미 지났고 그 시절도 바람직하지는 않다는 것이다. 그는 적은 금액으로 적금을 들게 하고 그것이 모여 목돈이 되는 즐거움을 맛보게 해주었다.

특별하면서 특별할 것 없는 김미선의 삶이 나는 좋다. 그럼에도 나와 비교하면 비교조차 되지 않는 김미선의 삶에 나는 매번 존경의 마음을 표한다. 공부에 취미가 없는 아이들을 그들이 좋아하는 일을 하도록 돕는 어머니 김미선을 보면서 그의 열린, 넓은 마음을 읽는다.

나는 다시 태어나면 김미선처럼 살고 싶다. 욕심을 부린다면 아예 김미선으로 다시 태어나고 싶다. 그가 어떤 배경에서 성장하고 교육받았으며 어떻게 지금의 모습으로 왔는지 모르겠으나 그의 성장 배경이 내 바람을 달라지게 하는 일은 없을 것이다. 좋은 것을 보면 동생을 생각하고, 부모를 생각하고, 거기에 주변사람들까지 생각해주는 김미선의 넓은 품을 보며 조만간 그를 찾아가 비법을 챙겨볼 생각이다.

덕德은 가르쳐지지 않는다

"수필 쓰는 법 좀 가르쳐줄 수 있어요?"

때로는 지인으로부터 이런 요청을 받기도 한다. 그럴 때마다 "저는 누굴 가르칠 능력이 없어요."라며 사양하는데, 그것도 매우 난처한 일이다. 혹여 듣는 이에게 오만하게 보일까봐서다.

어떤 이들은 자신이 쓴 글을 내게 이메일로 보내고 수정해줬으면 한다. 어떤 때는 사양도 하고 어떤 때는 마지못해 다듬어주기도 하지만, 그것도 '나라면 이렇게 하겠어요' 정도일 뿐이다. 어느 쪽이든 내 마음은 편치 못하다. 내 손을 거치면서 글쓴이의 생각이 변질되지는 않았는지, 그래서 글의 모양이 흐트러지지 않았는지 늘 신경이 쓰인다. 사람마다 문장의 특징이 있게 마련인데, 내가 손을 보탬으로써 그 사람의 작품이

훼손되었을까 걱정되는 것도 마찬가지다.

 사양을 하면서 등단 초기의 나를 돌아다보게 된다. 나 역시 그때는 막연했다. 수필이 무엇인지 전혀 모르고 발을 내딛은 거였다. 희미한 실마리를 붙잡기까지 3년여쯤 걸렸다. '어쩌다', '얼떨결에' 수필가가 된 것 같기도 하고, 이 길이 내게 맞는지에 대해서도 거듭 되묻게 되었다. 지난 11년 동안 나는 간헐적으로 나를 의심하고 자주 회의했다. 이렇듯 나는 내 글 한 편 쓰는 것도 쉽지 않았다.

 그러기에 남을 가르치는 일은 엄두도 나지 않고, 그럴만한 여유도 없다. 아직 이렇다 할 상을 받은 적도 없고, 이름을 떨치지도 못했다. 어떤 작가는 책 한 권으로 유명해지고, 또 어떤 작가는 작품 한 편으로 유명한 문학상을 받는다. 그런가하면 어떤 작가는 발표하는 글마다 평론가들의 주목을 받는다. 그들에 비하면 나는 아무것도 아니다. 나의 어떤 점을 보고 자신의 글을 보내는지 알 수가 없다. 궁금하지만 묻는 것도 솔직히 겁이 난다. 허나 프로 스포츠의 경우 꼭 좋은 선수가 좋은 감독이 되는 것은 아니라고 한다. 골프 코치들은 대부분 유명한 골프대회에서 상을 받은 경력이 없다. 마라톤에서 페이스메이커는 선수가 무사히 자신의 실력을 발휘할 수 있도록 일정 구간 함께 뛰면서 그의 페이스를 돕는다. 그런 것들이 수필에도 적용되는지는 모르겠다. 여하튼 글을 쓰고 책을 내는 것과 좋은 선생이 되는 것은 별개의 영역이라고 생각된다.

언젠가 나는 텔레비전을 보다가 가수 조영남이 하는 말을 들었다. 그는 친구인 소설가 김한길에게 글 잘 쓰는 법을 가르쳐달라고 했다. 김한길은 글 쓰는 법은 알려주지 않고 샐린저 Jerome David Salinger의 《호밀밭의 파수꾼》을 열심히 읽으라고 권했다. 《호밀밭의 파수꾼》은 아주 단순한 내용을 훌륭하게 스토리텔링한 작품이었다. 김한길이 조영남에게 가르침 대신 그 책을 추천한 것은 생각할수록 근사한 일이었다.

나는 내게 강의 요청이 올 때마다 다른 이를 소개하면서 '기초부터 잘 가르칠 거예요'라고 말한다. 그러나 오래 지나지 않아 그에게서 불평을 듣는다. 기초부터 배우는 것이 시시하다는 것이다. 기본기보다는 스승의 특별한 비밀병기를 기대했던 것일까.

문득, 수필 쓰는 기술을 전수한다는 이들은 어떻게 가르치는지 궁금해진다. 도제徒弟수업을 하듯이 제자들을 가르칠까? 아니면 자신의 수공업적 경험을 아낌없이 모두 전수하는 것일까?

이런 의문들을 품고 지내던 중 우연히 플라톤의 저서 《프로타고라스》를 선물 받았다. 얼마쯤 읽다가 한 문장을 보고 내 마음에 번개가 치는 것을 느꼈다. 플라톤은 소크라테스의 입을 빌려 프로타고라스에게 말했다.

"가장 지혜롭고 가장 뛰어난 인물이라 할지라도 그의 덕을 다른 사람에게 줄 수는 없는 일입니다."

덕은 개인이 가진 훌륭한 재능이다. 그러니까 나의 재능을 다른 이에게 가르칠 수 없다는 뜻이다. 프로타고라스는 "만일 자네가 내게서 학문을 배운다면 자네는 그날부터 훨씬 슬기로운 사람이 되어 집으로 돌아갈 걸세."라고 응수한다.

소크라테스의, 아니 플라톤의 주장은 모든 인간의 영혼이 가진 지식의 양은 똑같다는 것이고, 다만 개인에 따라 육체성이 그 영혼을 가리고 있으니 영혼 속에 들어 있는 지식을 스스로 꺼낼 수 있도록 자극을 주면 된다는 것이다. 이를 위해 소크라테스가 개발한 것이 문답법이었다. 해법을 일러주는 게 아니라 물음을 통해 상대방이 스스로 깨닫게 하는 방법이었다. 그렇게 하면 마치 하드디스크에 들어 있던 정보가 모니터에 출현하듯이 영혼 속에 숨어 있던 지식이 튀어나온다. 그 지식은 가르치는 자의 것이 아니라 배우는 자가 이미 가지고 있다는 뜻이다. 그렇다면 소위 선생들이 말하는 '내가 쌓거나 익힌 모든 것을 전수한다'는 주장은 설득력을 잃게 되고 만다.

나의 스승은 내가 쓴 글을 펼쳐 보이며 이 부분이 미심쩍다며 그곳에 손가락을 대고 연거푸 질문을 던진 적이 있다. 그분은 내가 하고자 하는 말을 충분히 풀어내지 못했음을 이미 알고 있었다. 내 입으로 그 말이 튀어나오기만을 기다리다가 급기야 그 문장에 있어야 할 말이 들어가면 그때서야 '옳거니!' 하셨다. 제자의 미비한 점을 짚어주고 스스로 터득할 때까지 기다리는 인내야말로 스승의 참사랑이 아닐까 싶다.

소크라테스는 소피스트들에게 '영혼의 양식이 되는 학문을 마치 상품처럼 파는 자들'이라고 비판한다. 그도 그럴 것이 소크라테스가 가장 자랑스럽게 생각한 것이, 자신은 일평생 돈을 받고 지식을 판 적이 없다는 사실이었다. 나 역시 가르칠 실력도 없지만 무엇보다도 내 영혼의 보잘것없는 양식을 그럴듯하게 포장해서 남에게 파는 것에는 더더욱, 재주도 용기도 없다. 스무 해 가까이 꽃을 다뤘지만 재능기부 수준의 수업 외에 이렇다 할 강의를 하지 않았다. 가르치는 일은 내 길이 아니라는 생각에서였다. 시장에서 사온 꽃을 디자인해서 적절한 가격을 받고 팔고는 있지만 내가 파는 것은 꽃이지 꽃을 디자인하는 기술은 아니었다. 마찬가지로 글동네에서 사람들에게 내가 보여주는 것은 나의 글이지 글을 쓰는 기술은 아니다.

수필이 인격의 향훈에서 우러나오는 덕성의 문학이라면 가르쳐서 될 일은 아닌 것 같다. 오늘도 나는 남을 가르칠 엄두는 내지 못한 채 더듬거리며 자문한다. 수필은 과연 가르쳐서 완성될 수 있는 것인가.

오르한 파묵의 순수박물관을 찾아서

 인간에게서 기억이 사라지면 어떻게 될까? 나를 확인하기 위해 가끔 마주하게 되는 물음이다. 기억이 사라지면, 혼돈의 사선死線에서 끊임없이 두리번거릴 것만 같다. 어떤 길을 걸어 왔으며 누구를 사랑했고 언제, 왜 슬펐는지 알 수 없어 흔들릴 지도 모른다. 기억은 많은 것을 끌어내 행복한 순간을 추억하게 만들고, 때론 아팠던 때로 돌아가 그때의 나를 보듬어주기도 한다.

 이스탄불은 내가 기억하는, 가장 좋아하는 도시 가운데 하나이다. 세계 곳곳을 여행한 것도 아니고 그렇다고 국내 큰 도시들을 모두 둘러본 것도 아니지만 이스탄불은 다른 도시와의 비교가 필요 없을 만큼 나에게는 꿈같은 도시이며 내 인생에서 보물상자와도 같은 곳이다. 나는 가끔씩 그것을 열어놓고 어느 한때 나의 흔적 찾기를 즐긴다.

내가 이스탄불에 처음 갔던 때는 2007년 겨울이었다. 새벽이었고 공항은 짙은 안개에 싸여 있었다. 타국이 아니더라도 무척 낯설었다. 시차를 적응할 사이도 없이 어느 영화 속 한 장면처럼 그 공간을 걷고 또 걸었던 기억이 남아 있다. 그리고 2013년 후로 몇 번을 그곳에 다시 갔다. 어떤 것의 끌림이었다고 해야 맞을 것 같다. 그곳에 갔던 기억은 하나도 망각되지 않는다. 신기한 일이다. 구시가지의 좁은 골목도, 밤늦도록 불을 밝힌 술탄 아흐메트 1세 자미(블루모스크)도, 거기서 얼마 떨어지지 않은 비잔틴제국의 영광이라 불리는 아야소피아 성당도, 톱카프궁전도 똑같은 감동과 흥분으로 다가왔다.

나는 소설가 오르한 파묵Orhan Pamuk(1952~)을, 그가 노벨문학상을 받던 2006년에 이미 알고 있었다. 경유지였던 독일 프랑크푸르트 광장 한복판에서 전혜린을 그리워했던 것처럼, 이스탄불 히포드롬 광장에서 똑같이 오르한을 떠올렸다. 두 번째 갔을 때에도 여전히 오르한 파묵을 기억했다. 기억은 새로운 상상을 하도록 하고 상상은 간혹 현실이 되어 더 큰 그림을 그리도록 해준다. 오르한은 나에게 그것을 가능하게 했다.

2013년, 이스탄불에 두 번째 갔을 때 '순수박물관'을 방문했다. 그곳에 가기 전, 소설을 쓰는 친구의 블로그를 구경하면서 소설이 아니라 실제 공간에 순수박물관이 있다는 것을 알았다. 친구 일행이 파묵을 만나 인터뷰하고 함께 찍은 사진을 보면서 많이 부러웠다. 그때는 2010년이었고 순수박물관이 개장하기 전이었다. 소설 《순수박물관》이 출간된 해가 2008년이고 순수박물관이 문을 연 해는 2012년이다. 그러니 나는 책이 출간되기 1년 전과 박물관이 문을 연 1년 후에 이스탄불에 간 것이었다.

소설은 1974년부터 2000년대 초반까지, 약 30년을 배경으로 진행된다. 주인공인 케말과 퓌순은 그 시간 동안 만남과 헤어짐을 반복했다. 결말은 퓌순의 죽음이라는 비극으로 끝나지만, 케말은 연인과의 30년 기억을 간직하기 위해 박물관을 세운다. 오르한 파묵은 그 안의 시간을 소설에서 더욱 확장해나간다. 1950년에서 2000년 사이의 이스탄불의 삶을, 두 가족을 등장시킴으로써 묘사는 더욱 섬세해진다. 케말의 가족은 부유하고 퓌순의 가족은 가난하다. 소설은 50년에 걸쳐 흐른 이스탄불이라는 도시의 시간을 기억한다. 파묵은 소설에 그치지 않고 그 시간의 기억들을 현실의 공간에 되돌려놓았다. '순수박물관'의 탄생이다. 그는 소설을 구상한 1990년대부터 이스탄불의 생활 소품들을 모으기 시작했다. 박물관에는 소설에 등장한 인물들이 사용하고, 입고, 듣고, 보고, 수집하고, 꿈꿔왔던 모든 것들이 모여 있다. 그곳을 방문하지 않아도 소설 속 주인공의 기억은 편집이 가능하다. 박물관을 즐기기 위해 반드시 책을 읽어야 하는 것은 아니지만 소설을 읽은 독자라면 누구나 박물관을 가보고 싶어할 것이다. 작가가 거기까지 계산한 것인지도 모르겠다는 생각에 미치자 케말의 집요함이 파묵의 그 것이었음을 알게 한다.

《순수박물관》은 사랑에 인생을 '허비'한 두 사람의 이야기이다. 퓌순은 8년, 케말은 30년 가까이 허비했다. 그들이, 아니 우리가 사랑에 인생을 허비하지 않고 자신의 천직에 정진한다면 세상은 어떻게 될까를 상상하면서 최근에 읽은 플라톤의 《폴리테이아》를 떠올린다. 작품 속에서는 사랑이 거세되어 있다. 남자와 여자의 관계는 오직 종족 번식을 위해서만 사용되어야 한다고 플라톤은 주장한다. 이 주장대로라면 남녀가 육체적 관계를 맺지 않아도 종족 번식이 가능해진 현대의 과학기술사회에서 사랑은 더욱 무의미하다. 사랑 없는 인생에서 문학이 가능하기는 한 것일까?

번역자인 이난아는 이 작품을 '소설이면서 동시에 한 남자의 회고록'이라고 말한다. 한 여자를 평생 사랑한 한 남자가 그녀의 집을 방문할 때마다 그녀의 물건을 훔쳐와 그녀와 사랑을 나누었던 지한기르의 멜하메트 아파트에 간직했다가 그녀가 죽고 나자 그의 집을 사들인다. 그들의 실제 공간에서 소설과 현실의 세계가 연결되어 독자로 하여금 상상을 하게 한다.

오르한 파묵은 부유한 가정에서 태어났지만 부모의 불화로 다섯 살 때 이모 집에 맡겨졌다. 같은 이스탄불에 살면서도 형은 할머니 집에서, 오르한은 이모 집에서 성장한다. 유년시절, 그는 다른 곳에 살고 있는 또 다른 오르한을 상상하기를 좋아했다. 그것은 이모부가 어떤 사진을 가리키면서 사진 속 아이가 오르한이라고 말하면서부터였다. 사진 속 아이는 오르한이 아닌, '사랑스런 아이의 복제물'이었는데 이모부는 오르한도 사진 속 아이와 같다고 이야기한다. 어린 오르한은 그 사진을 보면서 자신이 진짜 자신인지 혼란스러워한다. 어디에 있어도 그곳의 '내'가 진짜 '나'가 아닌 것 같았다고 한다. 형이 살고 있는, 할아버지와 할머니가 계신 이스탄불 니샨타쉬의 파묵 아파트로 빨리 돌아가고만 싶다.

파묵의 어린 시절 기억은 그의 문학 전반에 영향을 미친다. 오르한 파묵은 터키문학을 대표하는 세계적 작가이며 격동의 터키 현대사를 무대로 소설을 쓴 작가로도 유명하다. 《눈》으로 "이슬람 근본주의와 세속주의 사이의 첨예한 갈등을 그 어떤 논픽션보다도 훌륭하게 그려냈다."는 평가를 받았다. 터키의 비민주적인 정치에 대한 비평을 써서 신변에 위협을 받기도 했다.

케말은 시벨과 결혼을 약속하고 약혼식을 치른 뒤 함께 살지만 둘이 함께 산 집이 아닌 다른 집을 꿈꾸었다. 그가 시벨과 데이트를 하다가 샹젤리제 부티크에서 어린 시절 보았던, 지금은 그곳에서 일하는 퓌순을 만난다. 퓌순에게 사랑을 느끼며, 그는 결혼은 시벨과 하고 사랑은 퓌순과 하기를 원했다. 하지만 그의 무의식은 적당한 쾌락의 퓌순이 아니라 훗날 그가 확인한 순수한 사랑 퓌순을 향하고 있음에 틀림없다. 그러기에 시벨과 헤어지고 자취를 감춘 퓌순을 찾아 나섰고, 마침내 유부녀가 된 그녀의 집을 8년 동안이나 드나들 수 있었다.

케말은 정확히 7년 하고도 열 달 동안 퓌순을 만나러 저녁식사 시간에 그녀가 살고 있는 추크르주마로 갔다. 처음 간 것은 1976년 10월이었고 마지막으로 간 것은 1984년 8월이었다. 그 사이에 2,864일이 지나갔다. 케말은 그 집에 1,593번 저녁을 먹으러 갔다. 그러면서 케말은 퓌순이 핀 4,213개의 담배꽁초를 수집했다. 버려진 담배꽁초는 퓌순의 기분에 따라 구겨진 모양이 달랐다. 그것은 날짜와 상황에 따른 강렬한 감정의 증거였다. 케말이 없을 때 그녀는 담배를 거의 끝까지 피웠다. 신경질적으로 재떨이에 담배를 비벼 끌 때도 있는데 그것은 그녀의 초조함 때문이었다.

"입술에 바른 립스틱 때문에 붉은색으로 멋지게 물들어 있는 이 담배꽁초 하나하나는, 깊은 슬픔과 행복한 순간의 추억을 간직하고 있는 아주 특별하고 은밀한 물건이다."

이슬람국가에서 그들의 사랑에는 많은 장애가 따랐다. 상류층인 케말과 중산층인 퓌순이 사랑하는 것이 과연 가능할까에서 시작하여 자유연애는 인정하면서 여성의 혼전 순결에 집착하는 사회, 그리고 부자 동네와 서민 동네의 차이, 오리엔트 국가에 들어 온 서구의 문화가 가져다주는 혼란 등이 두 사람의 사랑 안에서 펼쳐진다. 케말과 퓌순은 이슬람교리에 저항하며 세속적 이슬람을 따를 수밖에 없었는데 실제로 파묵은 세속적 이슬람을 주창한다. 하지만 무엇보다도 핵심은 사랑이고 그 사랑의 기억이 '순수 박물관'이다.

이스탄불을 떠나기 전날, 나는 이스탄불의 거리, 아니 케말과 퓌순이 사랑을 일구었던 거리를 오랫동안이나 거닐었다. 그들의 흔적으로 가득한 이스탄불은 파묵이 '순수박물관'에 그려놓았던 것처럼, 튤립이 소담하게 심어진 골목도, 알록달록한 빨래가 걸려 있는 어느 집의 발코니도, 예정된 풍경이었던 듯 나를 차례로 맞았다. 그들의 시간 속으로 걷고 있는 순간이 꿈만 같았다. 케말이 퓌순에게 운전을 가르치기 위해 자동차를 태운 장소인 피루즈 아아 사원, 그들이 차를 운전하며 지나갔던 보스포루스 길, 주차를 했던 에미르간의 콘크리트 부두, 케말이 행복을 맛보았던 일 드즈 공원 등을 일일이 확인했다.

퓌순이 가게 일을 그만둔 것을 안 케말은 퓌순을 찾아 나섰다. 그녀가 살던 아파트는 쿠유루보스탄 골목에 있었다. 이곳은 서민들이 사는 동네이다. 케말이 고모라고 부르는 퓌순의 어머니 네시베는 퓌순을 찾아온 케말을 보고는 "함께 고민을 나누자고요."라고 말한다. 케말은 그 말의 의미를 아직도 알지 못하고 물었다. "퓌순은 없나요?" 퓌순의 어머니는 짧게 대답했다. "없어. 없어." 그녀는 퓌순을 잊으라며 말했다. "걔 아버지가 아주 먼 곳으로 데려갔어요. 아주, 아주 먼 곳으로. 이제 당신도 그 아이를 잊어요. 걔도 당신을 잊을 겁니다." 퓌순은 케말과 시벨의 약혼식 이후 케말에게서 모습을 감추어버렸다.

퓌순의 아파트에서 20분 정도 떨어진 곳에는 케말과 퓌순이 사랑을 나누던 멜하메트 아파트가 있었다. 지한기르는 쿠유르보스탄에서 탈라바시 길을 건너 네 시 방향 아래였다. 어느 날 케말에게 짧은 편지 한 통이 전달되면서 두 사람의 사랑은 새로운 전기를 맞이한다. "사랑과 존경을 담아, 퓌순." 주소는 추크르주마 달그츠 측마즈 24번지였다. 퓌순이 결혼해서 살고 있는 추크르주마도 지한기르나 쿠유루보 스탄으로부터 멀지 않았다.

퓌순은 케말과 함께 떠난 여행에서 직접 운전을 하다가 길가의 플라타너스 나무를 들이받고는 불귀의 객이 되었다. "사고 직후, 퓌순과 나는 서로의 눈을 들여다보았던 것이다. 퓌순은 자신이 죽어간다는 걸 알고 있었고, 그 이 초, 삼 초 동안, 죽고 싶지 않다고, 매순간 삶에 애착을 가졌다고, 자신을 구해달라고 애원하는 눈으로 나를 바라보았다." 팔 년의 기다림 끝에 온 사랑은 그렇게 허망하게 떠났다. 그녀는 가장 행복했던 순간에 최대의 비극을 맞았다. 아니, 어쩌면 그때가 그녀 최고의 행복한 순간이었을지도 모른다.

그 뒤 케말은 박물관을 짓기 위해 퓌순이 살았던 집을 사들였다. 정확히 말하면 퓌순이 살던 집은 2번지이고 박물관을 지은 곳은 24번지이다. 그곳은 케말과 퓌순의 공간이며 그들의 이야 기이다. 이스틱랄 대로에서 조금 떨어진 추르크주마 대로에 위치해 있으며 이 길은 퓌순이 살던 거리이고 케말이 그녀를 만나기 위해 2,864일 동안 매일 지나갔던 곳이기도 하다.

파묵은 설계와 시설 등을 거의 소설과 같게 꾸미려했다. 소설은 총 83장으로 이루어졌고 순수박물관은 3층짜리 건물에 83개의 진열장을 전시했다. 건축학을 공부한 그답게 어느 것 하나 이야기를 빗겨간 물건이 없었다. 모든 설계와 설치는 그의 머리에서 흘러나왔다. 어느 물건은 훔치기도 하고, 어떤 물건은 헐값에, 어떤 것은 공짜로 얻었으며, 또 어떤 것은 거금을 주고 사들여 그곳을 꾸몄다. 얼핏 골동품가게를 연상케 하면서도 어느 세련된 도시의 상점을 돌아가며 감상하는 듯한 기분이 들기도 한다.

케말은 2007년 4월 12일, 그러니까 퓌순이 살아있다면 쉰 번째 생일이 되는 날에, 그 자신은 예순두 살이었을 때, 밀라노 그랜드호텔 어느 방에서 아침 무렵, 심장마비로 잠든 채 퓌순 곁으로 갔다. 퓌순이 떠난 지 20년이 지나서였다.

케말이 만약 퓌순과의 사랑에 인생을 허비하지 않았다면 그 시간 동안 그는 과연 무엇을 했을까? 박물관을 걸어 나오면서 나도 모르게 자꾸만 뒤를 돌아보았다.

■ 작가연보

1998년 '꽃의 나라' 경영(~2017)
2007년 격월간 《에세이스트》 수필 〈한천희 傳〉으로 등단
2013년 수필집 《우리는 모두 흘러가고 있다》 출판(도서출판 북인)
2014년 《젊은수필》(문학나무) 선정
2015년 《여행작가》 꽃수필 연재(~2019년)
2016년 계간문예지 《인간과문학》 문학평론 〈아직도 염소는 혼자 울고 있다〉로 공모 당선
2017년 수필집 《지중해의 여름》 출판(도서출판 북인, 2017년 세종우수문학도서)
2019년 《The 수필》 선정위원(~현재)
2019년 꽃 에세이집 《꽃을 품다》 출판(인간과문학사, 2019년 아르코 문학나눔, 2020년 한국출판문화원 오디오북 선정)
2020년 수필집 《청춘아, 아프지 말자》 출판(도서출판 북인, 2020년 경기문화재단 창작지원금 수혜)
2021년 계간문예지 《인간과문학》 편집장(~2022년)
2022년 계간문예지 《인간과문학》 편집위원(~2024년)
2022년 도봉문화원 수필교실 강사(~현재)
2023년 《수필과비평》 〈올해의작품상 12〉 수상
2024년 제29회 〈황의순문학상〉 수상
2025년 《문학人신문》 취재부장

(사)한국수필문학진흥회 이사, ㈜한국산문 이사,
《수필과비평》 이사, 계간현대수필 후원이사, 수필나무문학회 회원

현대수필가 100인선 Ⅱ·66
한복용 수필선

비 오는 날의 칸타타

초판인쇄 | 2025년 07월 07일
초판발행 | 2025년 07월 10일

지은이 | 한 복 용
펴낸이 | 서 정 환
펴낸곳 | 수필과비평사·좋은수필사

주 소 | 서울시 종로구 삼일대로 32길 36.
　　　　(익선동 30-6) 운현신화타워 305호
전 화 | 02)3675-5635, 063)275-4000
등 록 | 제300-2013-133호
홈페이지 | http://www.shinapub.com
e-mail | essay321@hanmail.net

값 10,000원

ISBN 979-11-5933-595-2　04810
ISBN 979-11-85796-15-4　(전 100권)

* 저자와 협의하여 인지는 생략합니다.
* 잘못된 책은 바꿔 드립니다.